FRANCE
Lille
BELGIQUE
ALLEMAGNE
LUXEMBOURG
Reims
Grand-Est
Strasbourg
la Seine
Bourgogne-
Franche-Comté
Besançon
Dijon
SUISSE
Lyon
Grenoble
le Rhône
ITALIE
Avignon
Provence-Alpes-
Côte-d'Azur
Arles
Aix-en-Provence
MONACO
Nice
Cannes
Marseille
MER MÉDITERRANÉE
Corse
Ajaccio

T'en penses quoi ?

Miyuki TERASHIMA-FUKUDA
Georges VEYSSIÈRE

Editions ASAHI

音声はこちら
https://text.asahipress.com/free/french/tenpensesquoi/

まえがき

« T'en penses quoi ? » は、フランス語の初級文法を学んだ方に向けた講読テキストです。

従来の講読テキストは、長文読解や訳読、文法の復習を主な目的としていました。しかし本書は、「あなたはどう思う？」というタイトル通り、テキストを訳すというより、その内容についてみんなでじっくり考え、自由に意見を述べあうまでのプロセスを重視しています。学習者の専門や世代を問わず、フランス語と日本語のはざまで思考し、異なる立場から語りあうことを促すためです。

4つのセクションは、日常に身近でかつ普遍的なテーマを冠しています。そして12の章タイトルも、すべて能動的な不定詞を選びました。各課はおもに4つのトピックで構成されています。

・テキスト：

各セクションのテーマに沿った文章は、①フランス語圏と日本　②フランス語圏　③日本　と比重を変えながら、現代社会の諸問題について考えさせる内容です。会話やエッセイ、インタビューや詩など、フランス語の多彩な文体に触れながら、内容確認問題で理解を深めます。コラムも本文の内容を補足し、発展させる手がかりとなるでしょう。

・文法解説：

初級文法のおさらいとなるページです。とくにつまずきやすい文法事項にフォーカスし、例文や練習問題もできるだけ本文の内容に沿ったものにしています。

・キーワード：

各課のテーマについて話しあうためのステップとして、本文から連想されるさまざまなキーワードを、日本語・フランス語を問わずちりばめています。知らないことば、事項、人名、作品などについて各自で調べたり、挙げられていないキーワードを新たに探すこともできるでしょう。

・みんなで語りあおう：

本書の核となるアクティビティです。何語でもよいので、誰もが意見を述べる機会をもつことが大切です。テキスト、コラム、キーワードを踏まえ、答えやすいものから骨太なものまで複数の問いを順不同で立てています。授業ではどれを選んでもよいですし、模範解答もありません。

本書を通じて、日本とフランスの歴史や社会、文化的な背景を学ぶだけでなく、ひとりひとりがこれからの社会について考え、より良き未来に向けて「自分はどう生きていくのか？」を問い直すきっかけになれば幸いです。構想から完成までの長い道のりにおいて、たえず温かい助言と励ましをくださった、朝日出版社の石井さんと山田さんに、心からの感謝を捧げます。

2022年秋　著者

Table des matières

Texte 1

Ne rien perdre

何も無駄にしない

♪ 02

フランス人と日本人の学生が、とある料理のことを話題にしています。それぞれ、その料理についてどんなことを言っているでしょうか？読んでみましょう。

— L'autre jour[1], on est sorties avec une amie japonaise à Shinjuku. Elle m'a amenée dans un endroit apparemment très branché[2] en ce moment : un café spécialisé dans les pains perdus !

— C'est quoi, le « pain perdu » ?

— Tu sais, c'est du pain qu'on trempe dans du lait et des œufs battus, avant de faire cuire le tout[3].

— Ah, c'est les « french toasts » !

— Voilà, vous, les Japonais, vous appelez ça comme ça. J'ai été surprise parce que dans ce café, on servait le pain perdu comme un plat extrêmement raffiné.

— Ce n'est pas le cas[4] en France ?

— Pas trop. En tout cas, ce n'est pas quelque chose qu'on mange dans un café ou dans un restaurant, mais plutôt chez soi. À l'origine[5], c'est une recette pour ne pas gaspiller le pain rassis[6].

— Ah oui, je vois. C'est un peu comme le « ojiya » ou le « zôsui », où on récupère le riz cuit pour le mettre dans une soupe, par exemple.

— Voilà. Et dans l'assiette, il y avait aussi une compote de pommes à la cannelle, de la crème fouettée[7], une boule de glace vanille[8] avec un coulis[9] de fruits rouges ! Je n'avais jamais vu un pain perdu aussi[10] bien présenté. Et puis qu'est-ce que[11] c'était bon : une vraie tuerie[12] !

— Oh, arrête, tu me donnes faim !

Vocabulaire

写真：イメージマート

1 l'autre jour：先日 / 2 branché (adj.)：流行りの / 3 le tout (n. m.)：全体 / 4 ce n'est pas le cas：そうではない / 5 à l'origine：元々は / 6 rassis (adj.)：固くなった / 7 crème fouettée (n. f.)：ホイップクリーム / 8 boule de glace vanille (n. f.)：バニラアイスクリーム / 9 coulis (n. m.)：ソース、ピューレ / 10 aussi (adv.)：（強調の意味で）それ［あれ、これ］ほど / 11 qu'est-ce que［S V… !］：（感嘆文で）感嘆、強調を表す疑問代名詞 / 12 tuerie (n. f.)：（口語的）ご馳走

内容確認問題 Vrai ou Faux

次の各文がテキストの内容と一致していれば○、していなければ×をつけましょう。

1) En France, dans le pain perdu, il y a toujours de la crème fouettée.

2) Historiquement, le pain perdu est une recette inventée pour ne pas jeter le pain devenu vieux.

3) Le « ojiya » et le « zôsui » sont des plats qui permettent de recycler le riz qu'on a fait cuire.

column

« pain perdu » のルーツ

「失われた（perdu）パン」という料理名は、固くなって捨てるばかりのパンを使うことから来ています。フランスの「パン・ペルデュ」に似たレシピは古くからヨーロッパにあり、ドイツ語では「アルメ・リッター」（貧しい騎士）、英語では「プア・ナイト」と呼ばれたそうです。質素な騎士の食卓にのぼるささやかな楽しみだったのかもしれません。

「パン・ペルデュ」はやがてフランス語圏の国や地域に広まり、ベルギーやコンゴ、アメリカのニューオーリンズ州まで伝わりました。北米のケベックやアカディア（カナダからアメリカにまたがる旧フランス植民地）では、「黄金色のパン（pain doré）」という名で親しまれたといいます。

もっとも古い「パン・ペルデュ」への言及は、1500年以上前までさかのぼることができます。古代ローマで刊行されたラテン語のレシピ・ブック『アピーキウス』（4世紀末頃）には、「アリテル・ドゥルキア」（もうひとつの甘い料理）として、ミルクに浸したパンのデザートが登場します。

文法解説　複合過去 Passé composé

助動詞と過去分詞の2語でつくられる過去の時制で、おもに「過去に完了したできごと、行為」を表します。とくに過去分詞の性数一致について復習しましょう。

- **on est sorties**：on は nous に相当する主語人称代名詞。動詞の活用は3人称単数形ですが、複合過去の助動詞に être をとるとき、過去分詞は on の実体に一致します。
- **elle m'a amenée**：助動詞が avoir の場合、直接目的補語が動詞の前に置かれるときに限り、主語ではなく直接目的補語との性数一致が起こります。
- **j'ai été surprise**：受動態（être＋過去分詞）の複合過去は、助動詞に avoir をとります。他動詞の過去分詞は主語と性数一致します。

問題　（　）内の動詞をふさわしい形に活用しましょう。

1) Elles .... (partir) du café à 14h.
2) Ayaka et Akira .... (aller) dans une crêperie.
3) Où est-ce que la recette .... (naître) ?
4) Ta part de tarte ? Ton père l' .... (finir) aussi !
5) Les moules à gâteaux ? Elle les .... (ranger) dans le placard de la cuisine.
6) Les cuillères en argent… je ne sais pas où je les .... (mettre).
7) En général, les bouteilles en verre .... (recycler) à l'infini.
8) Beaucoup de dons alimentaires .... (recevoir) par cette association.
9) Ils .... (étonner) de la quantité de nourriture jetée dans les supermarchés.

いろいろ調べてみよう！

Mots-clés pour la discussion :

Les légumes et fruits de saison

「いただきます」 « Bon appétit ! »

フードロス問題 (le problème du gaspillage alimentaire)

Locavore

恵方巻　鍋の〆　Les canelés

ドギーバッグ　てまえどり　「もったいない」　バイオマス

残飯処理　お米の神様　3秒ルール

旬　わけあり食材

子ども食堂

フードバンク　賞味期限／消費期限

マクロビオティック　コンポスト

Flexitarien

La soupe populaire

気になる問いを選んで考えてみよう

あなたはどうですか？/みんなと語りあおう！

- フランス由来で、日本で流行している料理や食べ物を知っていますか？これらのものに対して、どういったイメージを持っていますか？
  Est-ce que vous connaissez des plats ou des produits alimentaires français qui sont à la mode au Japon ? Quelle est l'image que vous en avez ?
- パン・ペルデュ、おじや、雑炊などを作ったことがありますか？なぜ、どんな状況で料理しましたか？ Est-ce que vous avez déjà préparé du pain perdu, du ojiya ou du zôsui, etc. ? Pourquoi ? Dans quelles circonstances ?
- 家庭やバイト先で、食べられるものを捨てた経験はありますか？
  Au travail ou chez vous, est-ce que vous avez déjà jeté quelque chose que l'on pouvait encore manger ?
- あなたは日常生活のなかで、食材を無駄にしない工夫をしていますか？
  Dans votre vie quotidienne, est-ce que vous faites attention à ne pas gaspiller les aliments ?
- 私たちの生きる社会で、使えるものは十分にリサイクルされていると言えるでしょうか？よりよくするためには、どんなことができるでしょう？
  Est-ce que nous recyclons, réutilisons suffisamment de choses en général ? Qu'est-ce que nous pouvons faire pour améliorer les choses ?
- たとえば日本のスーパーなどで起きているフードロス問題について、あなたはどう考えますか？
  Qu'est-ce que vous pensez du problème du gaspillage alimentaire dans les supermarchés, par exemple ?

S'habiller

服を着る

♪ 03

エシカルファッションについて知っていますか？モード産業は、環境問題や労働問題を生み出してきましたが、いまや衣服は、流行に沿って大量につくり、消費するものではなくなってきています。自分がどんな服を選んで着るかを考えることは、より良い未来の実現につながるかもしれません。

L'époque où les vêtements les moins chers se vendaient le mieux est-elle terminée ? Une nouvelle tendance se dessine dernièrement et entre petit à petit dans les mœurs : la mode éthique. Pendant longtemps, les consommateurs ne se sont pas posé de questions ou ne se sont pas sentis concernés[1] par ces problématiques[2], mais de plus en plus de personnes se rendent sur des sites de vente en ligne pour acheter des vêtements en cuir végétal ou en coton bio, par exemple.

Afin de répondre à cette attente[3] du public, certaines marques se sont mises à produire des vêtements à la demande[4], pour éviter de gaspiller les matières premières et d'avoir énormément d'articles invendus par la suite[5]. D'autres enseignes[6] se sont lancées plutôt dans la récupération et la réutilisation de vêtements usés pour en créer de nouveaux, ou bien tentent de trouver de nouveaux matériaux.

Enfin, la mode éthique passe aussi par[7] l'amélioration des conditions de travail pour les travailleurs du textile. Il faut se rappeler que des milliers de personnes s'exposent à beaucoup de risques dans le secteur[8] du textile. Par exemple, de nombreux enfants se mettent en danger en travaillant dans des usines qui produisent des jeans. Qui plus est[9], les jeans sont des vêtements extrêmement polluants et qui consomment énormément d'eau.

La mode du vingt-et-unième siècle se doit d'être plus éco-responsable, pour protéger la Terre comme les êtres humains. S'il est important de bien s'habiller, il est encore plus important de s'habiller pour le bien de la planète.

Vocabulaire

1 concerné (adj.)：関係のある、関連した / 2 problématique (n. f.)：問題、問題提起 / 3 attente (n. f.)：期待 / 4 à la demande：オーダーメイドで / 5 par la suite：のちに、後で / 6 enseigne (n. f.)：看板、ブランド / 7 passer par ～：～を経る / 8 secteur (n. m.)：部門、領域 / 9 qui plus est：その上、おまけに

内容確認問題 Vrai ou Faux

次の各文がテキストの内容と一致していれば○、していなければ×をつけましょう。

1) La mode éthique est une tendance qui a disparu au XXe siècle.

2) Les ouvriers du textile ont souvent de mauvaises conditions de travail.

3) Les jeans fabriqués de manière classique sont des vêtements très écologiques.

column エシカルファッションのコンセプト

「モードの国」フランスは、数多くの世界的ブランドを誇ります。しかし華やかに見えるモード産業は、長らく社会的搾取や環境汚染という問題を抱えてきました。それを象徴するのが、2013年にバングラデシュのダッカで起こった「ラナ・プラザ崩落事故（l'effondrement du Rana Plaza）」です。4000人を超える死傷者の多くが、このビルに入っていた有名ブランドの縫製工場で働く女性たちでした。この事件をきっかけに、人にも環境にも敬意を払い、「モノ」の消費から「コト」の循環をめざす、エシカルファッションの運動が広がっています。

「エシカルファッションショー（les défilés de mode éthique）」は、2004年のパリを皮切りに、今日まで世界中で開かれています。北半球と南半球のクリエイターをつなぎ、地域の伝統技術やリサイクル素材を活かしたデザインからは、自由で多様なスタイルが生まれ続けています。動物保護や廃棄物削減、フェアトレードとも結びつく「エシカルファッション」は、グローバル社会が抱える諸問題を解決する糸口となるかもしれません。

文法解説 代名動詞① Verbes pronominaux

• **活用**：主語と同じものを指す再帰代名詞 **se (s')** をともなって活用する。
再帰代名詞は主語に応じて変化する。すべての複合時制で助動詞に **être** をとる。

• **おもな用法**

(1) 再帰的用法：「自分を／自分に～する」（主語は原則として人を指す）
De nombreux enfants se mettent en danger dans ces usines.

(2) 相互的用法：「たがいに～する、しあう」（主語は複数の人々を指す）
On ne se voit pas très souvent ces jours-ci.

(3) 受動的用法：「～される」（主語は原則として 3 人称で、人以外のものを指す）
Les vêtements les moins chers se vendent le mieux.

(4) 本質的用法：「代名動詞としてしか使われないもの（se souvenir de ～ など）」、「代名動詞になると独自の意味をもつもの（s'en aller など）」が相当。
Je me souviens de cet accident.

問題 （　）内の動詞を直説法現在形に活用しましょう。

1) Ces sacs faits à partir de matières recyclées .... (se vendre) comme des petits pains !
2) Les techniques pour faire du cuir végétal .... (se développer) de plus en plus.
3) Pour Mardi Gras, je .... (se déguiser) en pirate.
4) Vous .... (se souvenir) de l'effondrement de l'immeuble du Rana Plaza ?
5) Cette association .... (se battre) pour l'interdiction de la fourrure animale.
6) On .... (se parler) en visioconférence pour préparer le prochain défilé de mode.
7) Tu .... (s'habiller) comment pour la soirée chez Matthieu ?
8) Dans notre entreprise, nous .... (s'engager) à respecter les normes environnementales.

いろいろ調べてみよう！

Mots-clés pour la discussion :

草木染め

エシカルファッション

服の交換会

毛皮 (la fourrure)

ファストファッション

皮革製品 (la maroquinerie)

お下がり振袖

Les fripes

ユニセックスファッション

グリーンウォッシング

フェアトレード (le commerce équitable)

植物由来素材 (les matières végétales)

地域固有の技術

ポリエステル

Les inégalités Nord-Sud

洋服のサブスクリプションサービス

サステナビリティ (la durabilité)

ヴィンテージ

環境責任 (l'éco-responsabilité)

手つむぎ

Les droits des travailleurs

脱プラスチック

気になる問いを選んで考えてみよう

あなたはどうですか？/みんなと語りあおう！

- 洋服やアクセサリーを自分で作ったことはありますか？
  Est-ce que vous avez déjà créé des vêtements ou des accessoires ?
- 日本国内（または知っている国で）、ある地域特有の服や衣類を作っている、という具体例を挙げられますか？ Est-ce que vous connaissez des exemples de fabrication de vêtements qui sont issus de régions bien précises, au Japon ou dans tout autre pays ?
- 「高品質なものを長く使う」または「安いものを定期的に買い換える」。あなたはどちらがいいと思いますか？ Qu'est-ce que vous préférez, entre utiliser pendant longtemps des objets de qualité et acheter régulièrement des objets qui ne sont pas chers ?
- 服を選ぶ／買う時の基準は何ですか？
  Quels sont vos critères lorsque vous choisissez ou achetez des vêtements ?
- 環境負荷の少ない衣類を日常的に着ることは可能だと思いますか？
  Est-ce qu'il est possible, au quotidien, de s'habiller avec des vêtements éco-responsables ?
- お下がりをもらったり、古着を買ったりしたことはありますか？洋服のサブスクリプションサービスを使うことに積極的ですか？それはなぜ？
  Est-ce que vous avez déjà récupéré des vêtements ou acheté des fripes ? Est-ce que vous utilisez un service de location de vêtements par abonnement ? Pourquoi ?
- 「モード」や「モード業界」についてとりあげた作品を（ジャンルを問わず）知っていますか？
  Est-ce que vous connaissez une œuvre qui parle de la mode ou du monde de la mode (peu importe le genre) ?

Texte 3

Restaurer

修復する

♪ 04

日本とフランスには、ユネスコの世界遺産を含む有形・無形の文化遺産が数多くあります。現存する文化財を継承するために、さまざまな困難のなか、保存や修復の取り組みがなされています。

Les monuments historiques font partie des éléments qui composent notre patrimoine culturel. Jusqu'à présent, de nombreux efforts ont été fournis par l'État japonais pour conserver et restaurer les monuments historiques, souvent exposés aux[1] catastrophes naturelles. Il a ainsi décidé de reconstruire le château de Shuri à Okinawa, en grande partie détruit par un incendie en 2019.

Cependant, l'État ne peut pas protéger l'ensemble des monuments historiques menacés de disparition. Beaucoup de restaurations ont reposé sur des initiatives privées : par exemple, la reconstruction du Kabuki-za a été financée par l'entreprise Shochiku. D'autres projets de restauration ont reposé en partie ou en totalité sur des dons[2] classiques ou provenant du financement participatif[3]. Ainsi, lorsqu'on a pris la décision de reconstruire le château de Kumamoto, la ville n'avait pas les moyens de financer l'ensemble du projet malgré les aides de l'État et elle a donc fait appel à[4] des dons.

On voit donc qu'il y a dans la société japonaise un intérêt pour la protection des biens[5] patrimoniaux, mais on peut mieux faire[6]. Certains appréhendent[7] pour l'avenir, notamment en termes de[8] transmission de savoir-faire[9]. Par exemple, auparavant, il y avait beaucoup de « miyadaiku », menuisiers-charpentiers spécialisés dans l'édification des sanctuaires et des temples : les savoirs se transmettaient alors de génération en génération, mais aujourd'hui, on manque cruellement[10] d'artisans...

Conserver et restaurer le patrimoine culturel est essentiel pour des raisons économiques, mais aussi pour protéger l'histoire et la culture de chaque pays. Dans les monuments historiques, c'est l'identité culturelle de chaque communauté qu'on peut trouver.

Vocabulaire

熊本城

1 exposer (qn./qc. à qc.)：(～に～を)さらす / 2 don (n. m.)：① 寄付　② 才能 / 3 financement participatif (n. m.)：クラウドファンディング / 4 faire appel (à qn./qc.)：～に助けを求める / 5 bien (n. m.)：財産、地所 / 6 on peut mieux faire：「努力の余地あり」を意味する表現で、成績表などによく見られる。/ 7 appréhender：懸念する / 8 en termes de ～：～の面で / 9 savoir-faire (n. m.)：専門的知識 / 10 cruellement (adv.)：圧倒的に

内容確認問題  Vrai ou Faux

次の各文がテキストの内容と一致していれば○、していなければ×をつけましょう。

1) La reconstruction du château de Shuri a été décidée par la ville de Kumamoto.
2) Le nombre de menuisiers-charpentiers est en train de diminuer, au Japon.
3) La sauvegarde du patrimoine culturel est importante uniquement pour des raisons économiques.

column　ノートル＝ダム大聖堂の歴史

2019年4月、パリのノートル=ダム大聖堂で大規模な火災が発生しました。美しいステンドグラスの「バラ窓」は奇跡的に炎を免れたものの、焼け落ちる尖塔の映像は世界中に衝撃を与えました。政府はただちに国際的な寄付を呼びかけ、いまも修復作業が続いています。

中世ゴシック芸術の精華であるノートル=ダムは、何度も危機に瀕してきました。フランス革命期には、優美な彫刻群が破壊され、廃墟同然となっています。これを嘆いたヴィクトル・ユゴーが、小説『ノートル=ダム・ド・パリ』(1831) で、「民族の魂」であるモニュメントの保護を呼びかけ、「ゴシック・リヴァイヴァル」運動が起こりました。19世紀半ばに、建築家ヴィオレ・ル・デュクによって、大聖堂の修復工事が始まり、今日の姿になったのです。

ヴィオレ・ル・デュクの修復スタイルには、批判もつきまといました。たとえば有名なガーゴイル像など、「現代人が想像するゴシック建築」に合わせた大胆なアレンジがいくつも施されているのです。オリジナルを忠実に復元するか、歳月に耐える機能性を重視するかなど、「修復」にも複数のアプローチがあることを、大聖堂の歴史は教えてくれます。

文法解説　直説法半過去 Imparfait

- **語尾**：-ais, -ais, -ait, -ions, -iez, -aient（すべての動詞に共通）
- **語幹**：直説法現在形 nous の語幹と同じ（être を除く）
- **おもな用法**

  a）過去のある時点において進行していたできごとや、複合過去によって表されるできごとの背景となる状況を示す。

  b）過去において反復された習慣的動作を示す。

- **複合過去と半過去の使い分け**

  複合過去は、現在から見て「点で示せるような過去のできごと（完了した、持続しないできごと）」を表します。いっぽう半過去は、現在から見て「線で示せるような、過去のできごと（未完了の、持続しているできごと）」を表します。

問題 複合過去と半過去のどちらか、より適切な時制で動詞を活用しましょう。

1） Autrefois, les gens .... (aller) plus souvent à l'église que maintenant. C'est pourquoi le nombre d'églises laissées à l'abandon .... (augmenter) ces dernières années.

2） Pendant les vacances d'été, je .... (partir) à Rabat, au Maroc. Je .... (ne pas savoir) que la ville .... (faire) partie de la liste du patrimoine mondial de l'humanité !

3） Le Pont du Gard .... (être) inscrit sur la liste du patrimoine mondial de l'UNESCO en 1985. En France, il .... (être) déjà classé « monument historique » en 1840.

4） Lorsque l'incendie de Notre-Dame de Paris .... (se produire), je .... (se promener) le long de la Seine. Comme beaucoup de personnes dans le monde, j' .... (être) choqué par cet événement tragique.

5） Les Bruxellois .... (reconstruire) plusieurs fois la Grand-Place de Bruxelles : au XVIIe siècle, les façades .... (montrer) un tout autre visage.

いろいろ調べてみよう！

Mots-clés pour la discussion :

分散型ホテル

廃墟めぐり

「負の遺産」

城跡

原爆ドーム

東京駅の空中権

伊勢神宮の遷宮

白川郷の合掌造り

DIY

「スペインにおける美術品の修復問題」

自然遺産 (le patrimoine naturel)

les lieux de mémoire

宮大工

歴史的建造物のバリアフリー化

三島由紀夫『金閣寺』

人間国宝

五島列島のカトリック教会群

古民家カフェ

リノベーション (la rénovation immobilière)

世界遺産 (les biens inscrits au patrimoine mondial)

サグラダファミリア

Meilleur Ouvrier de France (MOF)

Viollet-le-Duc

シャッター商店街

あなたはどうですか？／みんなと語りあおう！

気になる問いを選んで考えてみよう

- ユネスコの世界遺産に登録された史跡に行ったことがありますか？どんな機会に訪れましたか？
  Est-ce que vous êtes déjà allé(e) sur un site inscrit au patrimoine mondial de l'UNESCO ? Dans quel contexte ?

- あなたがいつか訪れてみたいのは、どんな史跡ですか？それはなぜでしょう？
  Quels sites est-ce que vous aimeriez visiter, un jour ? Pourquoi ?

- 歴史的建造物は、いかなる場合も元の形に忠実に再建すべきでしょうか？
  Est-ce qu'il faut nécessairement reconstruire à l'identique les bâtiments historiques ?

- もしとある国のトップだったら、文化遺産の保存には予算の何 % を割きますか？
  Si vous étiez à la tête d'un État, combien de pour cent du budget est-ce que vous accorderiez à la conservation du patrimoine culturel ?

- 日本の職人技やものづくりを守っていくために、何をすればいいでしょうか？
  À votre avis, que faudrait-il faire pour conserver le savoir-faire des artisans et de l'artisanat au Japon ?

Texte 4

Être vu(e)

視られる

♪ 05

マンガやアニメは、映画に続く20世紀の新しい娯楽として発展しました。しかし昔の作品は、女性キャラクターをステレオタイプなイメージで描く傾向がありました。いまでは、20世紀後半の作品を観て育った世代がクリエイターとなり、個性的で自立した女性キャラクターがどんどん増えています。

Dans le monde des mangas, l'image de la femme pure et innocente a souvent été véhiculée[1], surtout dans les mangas « shônen », à destination du[2] jeune public masculin. On trouve plus de subtilité dans le genre « shôjo » (pour jeunes filles) ou « seinen » (pour un public plus âgé). Il est vrai que certaines femmes indépendantes et fortes apparaissent, comme Ashirpa dans *Golden Kamui*, mais ce sont souvent des femmes plutôt masculines. Au Japon, le mouvement « MeToo »[3] n'a apparemment pas eu une influence aussi grande que dans les autres pays : le stéréotype de la femme soumise ou des filles naïves[4] est encore présent, même si on constate des améliorations à partir des années 70, grâce à certains mangas qui ont fait date[5] : *Lady Oscar* (*La Rose de Versailles*) et *Sailor Moon* étaient alors les plus connus internationalement.

Concernant les bandes dessinées franco-belges, jusque dans les années 50, les personnages féminins sont peu nombreux, notamment dans les œuvres qui ont les meilleurs succès commerciaux, comme *Astérix* ou *Les Schtroumpfs*. Les femmes sont le plus souvent réduites à des rôles secondaires de mères ou sont caricaturées, par exemple, la Castafiore dans *Tintin*. À partir des années 60 et 70, la bande dessinée francophone présente des personnages féminins moins stéréotypés qu'avant, tels que Laureline dans la série *Valérian et Laureline*, *Yoko Tsuno*...

On peut dire que l'évolution de l'image de la femme dans ces œuvres reflète les changements de la société, aussi bien au Japon qu'en France. Aujourd'hui, les femmes sont un peu mieux représentées dans les domaines du manga et de la bande dessinée :

de fait, le nombre de dessinatrices ou de femmes mangakas augmente petit à petit… mais bien trop lentement, selon certains !

Vocabulaire

1 véhiculé (adj.) ：伝えられた / 2 à destination de：～に向けて / 3 le mouvement « MeToo » ：2017年にアメリカから世界中に広がった運動。過去に受けた性被害やハラスメントを、SNS上で告白・共有することで、女性たちの連帯が促された。/ 4 naïf (adj.) ：（しばしば否定的に）純情な、無邪気な / 5 faire date：時代を画する

アングレーム国際マンガ祭
写真：Alamy／アフロ

内容確認問題 Vrai ou Faux

次の各文がテキストの内容と一致していれば○、していなければ×をつけましょう。

1) La Castafiore est un personnage dans *Astérix*.

2) Le mouvement « MeToo » a eu une grande influence au Japon.

3) Le nombre de dessinatrices a augmenté ces derniers temps.

column

日本とフランス語圏のアニメ文化

マンガが盛んな日本、バンド・デシネ（B.D.）の伝統があるフランス、両国はアニメーションという20世紀の新しい表現技術においても影響を与えあってきました。フランスでも非常に人気のある、スタジオジブリの宮崎駿（みやざきはやお）や高畑勲（たかはたいさお）は、ポール・グリモーの『やぶにらみの暴君』（1953、のちに改作版『王と鳥』（1979）が公開）に深く影響を受けています。仏文学者でもある高畑は、『キリクと魔女』（2003）などのミッシェル・オスロ監督作品や、『木を植えた男』（1987）のフレデリック・バック監督を日本に紹介し続けました。『AKIRA』（1988）で絶大な人気を誇る大友克洋（おおともかつひろ）も、日仏のマンガ・アニメ文化の橋渡しをしています。

多くのフランス人が、日本のポップカルチャーに親しんでいるのは、1980-90年代にかけて放映され、アニメブームに火をつけたバラエティ番組『クラブ・ドロテ』のおかげでもあります。同枠で放映された北条司（ほうじょうつかさ）の『シティーハンター』（1985-91）は、主人公冴羽獠（さえばりょう）の名前をニッキー・ラーソンに変更、一躍子どもたちのヒーローとなりました。2018年には、原作の大ファンであるフィリップ・ラショーが、自ら脚本・監督・主演を務めて実写版 *Nicky Larson* を公開、大ヒットを記録しています。

文法解説 比較級・最上級の表現 Comparaif, Superlatif

(1) 形容詞・副詞の比較級：plus (aussi, moins) + 形容詞／副詞 + que ~

(2) 形容詞・副詞の最上級：定冠詞 + plus (aussi, moins) + 形容詞／副詞 + de ~

(3) 特殊な比較級・最上級をもつ形容詞・副詞

a) 形容詞

	優等比較級	優等最上級
bon(ne)	meilleur(e)	定冠詞 + meilleur(e)
petit(e)	moindre	定冠詞 + moindre
mauvais(e)	pire	定冠詞 + pire

* bon(ne) の同等比較は aussi bon(ne)、劣等比較は moins bon(ne) となる。
* moindre は基本的に、数量化できないものに対して用いられる。
* pire は基本的に、抽象的なものを意味するときに使われる。

b) 副詞

	優等比較級	優等最上級（定冠詞は le のみ）
bien	mieux	le mieux
beaucoup	plus	le plus
peu	moins	le moins

* bien の同等比較は aussi bien、劣等比較は moins bien となる。
* beaucoup の同等比較は autant となる。

問題 語を正しい順番に並べて、文を作りましょう（必要に応じて、大文字にしましょう）。

1) XXe siècle / plus révolutionnaire / est peut-être / Moebius / le dessinateur / le / du

………………………………………………………………………………………… .

2) mais il a / d'idées / moins doué / qu'elle / il est / en dessin,/ plus

………………………………………………………………………………………… !

3) les amateurs / la plus / dans les années 80 / suivie par / à la télévision, / était l'émission / de dessins animés / « Club Dorothée »

………………………………………………………………………………………… .

4) des problèmes / des Français, / de Manu Larcenet / de la vie quotidienne / à mon avis, / le mieux / qui parlent / les bandes dessinées / c'est celles

………………………………………………………………………………………… .

5) des dessinatrices françaises / les plus / de la bande dessinée / du monde / est l'une / Pénélope Bagieu / connues

………………………………………………………………………………………… .

いろいろ調べてみよう！

Mots-clés pour la discussion :

la virilité　男女の賃金格差

ペンネーム (les pseudonymes)　ジェンダーロール　「女子力」

マンガの実写化・アニメ化　ノンバイナリー (non-binaire)

雑誌・コミックのジャンル　戦隊ヒーロー

アングレーム国際マンガ祭 (le Festival international de la bande dessinée d'Angoulême)　女々しい　LGBTQ +　マンスプレイニング

男まさり　宝塚歌劇団　フェミニズム (le féminisme)

アヌシー国際アニメーション映画祭 (le Festival International du Film d'Animation d'Annecy)　「おひとりさま」

la féminité　『男はつらいよ』　『ソロ活女子のススメ』

やまとなでしこ　Simone de Beauvoir

Louise Michel　ジェンダーギャップ

気になる問いを選んで考えてみよう

あなたはどうですか？/みんなと語りあおう！

- 小さい頃に憧れていた架空のキャラクター、ヒーローまたはヒロインはいますか？
Dans votre enfance, est-ce que vous aviez une admiration pour des personnages de fiction, des héros ou héroïnes ?
- マンガはジャンル関係なく読んでいますか？それとも特定のジャンルを好んで読んでいますか？
Est-ce que vous lisez des mangas de tous genres ? Ou est-ce que vous avez une préférence pour un genre de manga en particulier ?
- いま読んでいるマンガや本で、女性の立場やジェンダーについて考えさせてくれたものはありますか？ Parmi les mangas ou livres que vous avez lus récemment, est-ce qu'il y en a qui vous ont fait réfléchir sur le statut de la femme ou sur la question du genre ?
- マンガや B.D. におけるステレオタイプや単純化は避けられないのでしょうか？
Est-ce que les stéréotypes ou les simplifications sont inévitables dans le monde des mangas et des bandes dessinées ?
- 「男らしさ」、「女らしさ」が社会から求められていると思いますか？
Est-ce que vous pensez que la société nous demande d'être « viril » ou « féminine » ?
- ジェンダーを問わず、どのようなキャラクターが今のこの時代を代表できると思いますか？
À votre avis, quel type de personnage pourrait représenter notre époque, indépendamment du genre ?

Texte 5

Voir le monde autrement

別の視点から世界を見る

♪ 06

ジャックと友人のニナが話しています。ニナは映画好きのようですが、どんなテーマの作品に関心があるのでしょうか。社会にひそむ諸問題を、新たな視点からとらえるドキュメンタリーというジャンルについて、ともに考えてみましょう。

— Nina, tu aurais du temps samedi soir ? On va aller boire un coup avec Agnès.

— Ah non, j'aimerais bien, mais j'ai déjà promis à[1] une amie que je l'accompagnerais au ciné voir un documentaire...

— Un documentaire ? Et ça parle de quoi ?

— Ça parle d'écologie, de l'impact de l'être humain sur la nature... En plus, le film vient de remporter le César du meilleur film documentaire.

— Oula, à ta place[2], j'irais voir autre chose.

— Ça change un peu des films habituels, ça fait réfléchir. Vu[3] la situation dans le monde aujourd'hui, c'est important.

— Je comprends ce que tu veux dire. On devrait tous y réfléchir[4] sérieusement.

— Oui, si l'on faisait tous un petit effort, la situation irait beaucoup mieux.

— L'autre jour, à la télé, ils disaient que si on ne faisait rien pour freiner[5] le réchauffement climatique[6], les paysages changeraient complètement en France dans les prochaines décennies[7].

— Pour arrêter ça, il faudrait totalement changer de mode de vie, alors.

— Ce ne serait pas un peu radical, comme changement ?

— Mais non, avec de la volonté, on peut y arriver.

Vocabulaire

1 promettre (à qn.) de + inf. / que + S V : (～に) ～を約束する / 2 à la place de qn. : ～の立場に立てば（厳密には条件節 Si + S V（条件法）を用いて « Si j'étais à ta place... »。会話では、à ta place などと省略される。) / 3 Vu (prép.) : ～から見て、～をかんがみて / 4 réfléchir (à, sur ～) : (～について) よく考える / 5 freiner : ブレーキをかける、抑制する / 6 réchauffement climatique (n. m.) : 気候温暖化 / 7 décennie (n. f.) : 10年間

内容確認問題  Vrai ou Faux

次の各文がテキストの内容と一致していれば○、していなければ×をつけましょう。

1) Jacques et Nina vont se voir samedi soir.

2) Le film dont ils parlent a remporté un prix au festival de Cannes.

3) Nina pense qu'il faut faire quelque chose pour endiguer le réchauffement climatique.

column　フランス語圏のドキュメンタリー映画

フランスでは、映画好きが集まって作品を上映し、鑑賞後に論評しあう「シネクラブ」が盛んです。この伝統は学校教育にも組みこまれ、アラン・レネの『夜と霧 *Nuit et Brouillard*』(1956) やクロード・ランズマンの『ショアー *Shoah*』(1985) などは、第二次世界大戦の惨劇を伝える歴史教材としても観られています。

現代でも、社会の諸問題に切りこむドキュメンタリーが、ときには他国と協同して盛んに制作されています。たとえば、超接写で多様な昆虫の生態をとらえた『ミクロコスモス *Microcosmos*』(1996)、過酷な南極で子育てをする『皇帝ペンギン *La Marche de l'empereur*』(2005) などです。いずれも人間中心ではなく、生き物たちの視点から、いのちを育む地球環境を映しています。子どもの視点から学校生活や教育問題を描いた映画にも傑作が多く、『ぼくの好きな先生 *Être et avoir*』(2002)、『小さな哲学者たち *Ce n'est qu'un début*』(2010)、『世界の果ての通学路 *Sur le chemin de l'école*』(2013) などがあります。日本で観られる作品もたくさんあるので、機会をみつけてぜひ鑑賞してください。

文法解説 条件法現在 Conditionnel présent

条件法は、「文が述べる事態」が、「現実では成立せず、仮想世界でのみ成立する」ときに用いられます。基本的に「事実ではないこと」を述べる法で、「現実世界のできごと」を述べる直説法とは区別されます。

- **活用形** 語幹：直説法単純未来と同じ cf. aimer-
  語尾：半過去と同じ cf. j'aimer-ais
- **用法**

(1) 現在の事実に反する仮定から導かれる、非現実的な帰結を示す。

条件節(si＋直説法半過去) — 主節(条件法現在)
「もし…だったら…だろうに」

Si l'on faisait tous un petit effort, la situation irait beaucoup mieux.

(2) 伝聞や推測、または希望・依頼・助言など語調緩和を示す。

Il faudrait changer de gouvernement.
Pourriez-vous me prêter un stylo ?

(3) 主節が過去の文の従属節で、「過去における未来」を表す。

Il croyait : « **Je** pourrai me faire beaucoup d'argent. »
→ Il croyait qu'**il** pourrait se faire beaucoup d'argent.

問題 **選択肢からふさわしい動詞を選んで、条件法現在形に活用しましょう。**

[accepter / aller / continuer / devoir / être / faire / pouvoir]

1) Dans une interview, la réalisatrice a dit qu'elle .... à tourner des films jusqu'à sa mort.
2) Si tu étais à la place de ce personnage, qu'est-ce que tu .... ?
3) Les acteurs du film ne pensaient pas que le tournage .... aussi long.
4) Est-ce que vous .... enlever votre chapeau ? Je n'arrive pas à voir l'écran.
5) On .... donner plus de subventions à l'industrie du cinéma.
6) Les jeunes .... plus souvent au cinéma, si les places étaient moins chères !
7) Est-ce que vous .... de tourner ce film ?

いろいろ調べてみよう！

Mots-clés pour la discussion :

シネクラブ (les ciné-clubs) « Objectif 49 »

le festival des films maudits（呪われた映画祭）

フランス国立映画映像センター
(le Centre national du cinéma et de l'image animée)

カンヌ映画祭
(le Festival de Cannes)

セザール賞ドキュメンタリー部門最優秀賞
(le César du meilleur film documentaire)

『TOMORROW *Demain*』(2015)

シリル・ディオン

『木を植えた男 *L'homme qui plantait des arbres*』
（フレデリック・バック、1987）

『ホワイト・プラネット *La Planète blanche*』(2006)

Positif

『モンサントの不自然な食べもの *Le Monde selon Monsanto*』(2008)

ヤン・アルテュス＝ベルトラン

『*Animal*』(2021)

Les Cahiers du Cinéma

『ありがとう、社長！ *Merci, patron !*』(2016)

『人生、ただいま修行中 *De chaque instant*』(2018)

あなたはどうですか？/みんなと語りあおう！

気になる問いを選んで考えてみよう

- これまで、どんなときにどんな媒体で、ドキュメンタリー映像を観ましたか？
  Est-ce que vous avez déjà vu des documentaires (films, vidéos…) ? À quelle(s) occasion(s) et à travers quel(s) média(s) / support(s) ?
- 映画館には頻繁に行きますか？ Est-ce que vous allez souvent au cinéma ?
- 映画は、どちらかというと１人で観る派ですか？誰かと一緒に観る派ですか？
  Vous préférez voir des films tout(e) seul(e) ou avec quelqu'un ?
- 映画や映像作品を観た後、それを観た友達や知り合いと感想を述べあうことはありますか？
  Après avoir regardé un film ou une vidéo, est-ce que vous échangez vos impressions avec des amis ou des connaissances ?
- 日本文化やあなたの国の文化を知らない人に映画を１本だけ勧めるとしたら、なんですか？その理由は？ Si vous deviez conseiller un film à quelqu'un qui ne connaît pas la culture japonaise ou la culture de votre pays, lequel est-ce que vous choisiriez ?
- 映画館がなくなったとしたら、問題だと思いますか？
  Si les salles de cinéma disparaissaient, est-ce que ce serait un problème ?
- 人はなぜ映画を作り、映画を観るのでしょうか？ Pourquoi crée-t-on et regarde-t-on des films ?

Texte 6

S'accepter tel(le) qu'on est

ありのままの自分を受け入れる

♪ 07

あるベテラン俳優がインタビューに応じています。長いキャリアを振り返って、彼は世間の眼差しとどう向き合い、年齢を重ねた自分を受け入れてきたのでしょうか。その語りを聴いてみましょう。

— En fait, il y a une question que je voulais vous poser et qui porte sur votre nouveau look… mais vous me dites si c'est quelque chose dont vous ne voulez pas parler… Depuis quelque temps, vous ne vous teignez[1] plus les cheveux. C'est délibéré ?

— Oui, j'ai été d'ailleurs assez amusé par la manière[2] dont certaines personnes ont commenté ma nouvelle apparence sur les réseaux sociaux. J'ai décidé d'arrêter de me teindre les cheveux, tout d'abord parce que le produit que j'utilisais me démangeait[3], mais aussi parce que je commençais à être fatigué de devoir constamment me montrer jeune. Vous savez, dans le milieu où je travaille, on se sent souvent obligés d'être éternellement le même, pour répondre aux attentes[4] du public. C'est pour ça que certains se lancent dans la chirurgie esthétique[5] et cherchent différentes solutions pour cacher leurs rides[6] et autres imperfections. Pour ma part, je n'ai jamais aimé cette tendance à vouloir tout retoucher[7] qu'on peut trouver dans le milieu de la mode et du show-biz ! Heureusement, on voit de plus en plus d'acteurs, d'actrices, d'artistes ou de mannequins[8] qui essayent de résister à cette manière de penser, avec des mouvements comme le « body positive » par exemple.

— C'est vrai que ces derniers temps, on voit de plus en plus de mannequins dont le physique semble plus proche de la moyenne de la population.

— Voilà. Pendant longtemps, il y a eu un diktat[9] de la minceur dans l'ensemble de la société. Mais si on s'intéresse au passé, il y a des périodes dans l'histoire de l'humanité où l'on préférait les gens avec un physique plutôt généreux. Le plus important, finalement, c'est de s'accepter tel qu'on est, d'être bien dans sa peau, dans son corps !

Vocabulaire

1 se teindre：(自分の) 髪を染める / 2 la manière de + inf.：(～する) やり方 / 3 démanger：かゆくさせる / 4 attente (n. f.)：① 期待　② 待つこと / 5 chirurgie esthétique (n. f.)：美容整形 / 6 ride (n. f.)：しわ / 7 retoucher：修正する / 8 mannequin (n. m.)：ファッションモデル / 9 diktat (n. m.)：強制されたもの

内容確認問題　Vrai ou Faux

次の各文がテキストの内容と一致していれば○、していなければ×をつけましょう。

1) L'acteur a pris avec humour les commentaires qu'on a pu faire sur ses cheveux.

2) Il s'est fait refaire une partie de son corps, grâce à la chirurgie esthétique.

3) Selon l'acteur, le mouvement « body positive » est en train de progresser dans la société.

column　不老長寿は幸せなのか？

人はなぜ老いて死ぬ定めから逃れられないのでしょう? 古代の神話や伝説でも、不老不死の探求は重要なテーマです。秦の始皇帝は、不死の霊薬を求めて東方の三神山に徐福を遣わしますが、船は二度と戻りませんでした。かぐや姫は月に帰る時、帝に不老不死の薬を贈りますが、帝はこれを富士（ふじ）山の頂きで燃やしたそうです。旧約聖書の最高齢者はメトセラ（969 歳）ですが、世界を滅ぼした大洪水の後に人間の寿命は 120 歳までとなりました。

いまは医学の発展によって、見かけの若さを保つことがたやすく、青年・中年・老人と年代で人々を括りにくい時代です。アンチエイジングの美容ケアや、細胞や血液を若返らせる抗老化医療も進んでいます。しかし、理想の容姿へのこだわりや美容整形が、かえってその人本来の年齢を重ねた魅力をうち消してしまうこともあるでしょう。

フランスのヴィリエ・ド・リラダンは、小説『未来のイヴ』(1886) で、完璧な美女ハダリーを創造しました。じつは発明家のトーマス・エジソンが作り出した人形です。どんなに美しくてもやがて衰える生身の恋人に、不老不死のアンドロイドはとってかわれるのか…。想像力あふれる作家の先見性は、劇的な結末においてとりわけ冴えわたっています。

文法解説 関係代名詞 Pronoms relatifs

2つの文において重複する語の片方を代名詞に置き換え、主節と関係詞節をひとつの文にまとめる働きをします。先行詞を修飾し、説明する役割があります。

(1) **qui** : 先行詞が従属節の主語となる場合。先行詞は人でも物でもよい。
Il y a beaucoup de gens qui retouchent leur photo de profil.

(2) **que** : 先行詞が従属節の直接目的補語となる場合。先行詞は人でも物でもよい。
★従属節の動詞が複合形（助動詞 avoir ＋過去分詞）のとき、直接目的補語（先行詞）が動詞より前に置かれると、過去分詞は直接目的補語と性数一致する。
C'est la nouvelle crème pour les mains que j'ai achetée.

(3) **où** : 先行詞が場所・時を表す（場所なのか時なのかは先行詞による）。
Il y a des moments où je ne suis pas d'accord avec lui.

(4) **dont** : 先行詞と従属節が前置詞 de によって結ばれる関係にある場合。
C'est quelque chose dont je ne veux pas parler. (parler de＋qc. / qn.)

問題 適切な関係代名詞を書き入れましょう。

1) Est-ce qu'il y a une crème hydratante pour le visage .... tu me conseilles ?
2) C'est une salle de sport .... il allait souvent, avant.
3) Il y a beaucoup de chanteurs .... le physique est avantageux, mais .... chantent mal !
4) C'est un moment de ma vie .... je ne m'aimais pas, physiquement.
5) Il est allé à l'étranger pour obtenir les soins .... il avait besoin.
6) Ma grand-mère a une énergie .... j'admire.
7) Elle a pu échanger quelques mots avec l'acteur .... elle est fan.
8) L'enfance est un thème .... revient souvent dans les films de ce cinéaste.
9) La chirurgie esthétique n'est pas une solution .... je conseille à n'importe qui.
10) J'ai commencé ma carrière, à une époque .... il n'y avait pas encore Internet.

いろいろ調べてみよう！

Mots-clés pour la discussion :

photoshopé(e)

整形手術 (la chirurgie esthétique)

ボディ・ポジティブ

リアル（プラス）サイズモデル

レタッチ

アンチエイジング

マタニティフォト

産後ダイエット

グレイヘア

「不気味の谷現象」

後期高齢者

すっぴん投稿

「年相応」

Le troisième âge

ヒューマノイド (les humanoïdes)

再生医学 (la médecine régénérative)

人生 100 年時代

ルッキズム

終末医療

『楢山節考』

不老不死

ピンピンコロリ

死生学 (la thanatologie)

ドラキュラ

Le botox

抗老化医学

気になる問いを選んで考えてみよう

あなたはどうですか？/みんなと語りあおう！

- 現在、髪を染めていますか？それはなぜですか？もし白髪ができた場合、どうしますか？
  Est-ce que vous vous teignez les cheveux ? Pourquoi ? Si un jour vous avez des cheveux gris ou blancs, qu'est-ce que vous ferez ?

- 何歳まで生きたいと思いますか？それはなぜですか？
  Jusqu'à quel âge est-ce que vous voulez vivre ? Pourquoi ?

- 老化を防ぐためにしたいアンチエイジングのケアはありますか？
  Est-ce qu'il y a quelque chose que vous pensez faire face au vieillissement (activités et soins anti-âge...) ?

- 整形手術のメリットとデメリットは何でしょうか？どういった場合にしてもいいと思いますか？
  Quels sont les avantages et les inconvénients de la chirurgie esthétique ? À votre avis, dans quelle(s) situation(s) est-elle justifiée ?

- （日本）社会において、外見に基づく偏見や差別（ルッキズム）というのはあると思いますか？
  Dans la société (japonaise), est-ce qu'il y a des cas de stéréotypes ou de discrimination selon l'apparence physique (le « lookisme ») ?

- SNS で自分の写真を投稿する場合、修正をしたりしますか？
  Quand vous publiez votre propre photo sur les réseaux sociaux, est-ce que vous la retouchez ?

- *Memento Mori* というラテン語の格言を知っていますか？どんな戒めだと思いますか？
  Est-ce que vous connaissez l'expression « *memento mori* » ? Quel est le sens de cette phrase en latin ?

Texte 7

Écouter les sons

音を聴く

♪ 08

これはあるフランス人が、日本の街中で聴こえてくる音について書きとめた文章です。筆者がどんな音の記憶を思い浮かべているのか、読んでみましょう。

Quand je me promène dans une ville japonaise, je fais régulièrement des découvertes intéressantes. Ces derniers temps, je me laisse charmer par les sons, bruits et mélodies propres à chaque ville. Ces paysages sonores sont sûrement un des traits qui distinguent la France du Japon[1].

La première fois que j'ai pris le train au Japon, j'ai été très intrigué par[2] les « jingles » ferroviaires : ces petites mélodies sont là pour faire comprendre aux utilisateurs qu'ils sont arrivés à telle ou telle station. Je me souviens encore avoir été étonné de tomber sur[3] le thème musical du film *Le troisième homme* (1949) de Carol Reed.

En France également, on entend parfois ce genre de petites mélodies retentir[4] dans les transports en commun : toutes sont assez simples, à l'image du[5] célèbre jingle de la SNCF. Les mélodies sont bien présentes dans les rues aussi. Au niveau des passages piétons, les feux de signalisation laissent entendre un gazouillis, un « piou-piou » qui aide les personnes malvoyantes ou aveugles à traverser, un peu comme les ritournelles ou les messages vocaux (« rouge piéton... ») en France.

À côté de ces sons attendus, il y a aussi des sons inattendus, imprévus. Je me fais toujours surprendre par les camionnettes des vendeurs ambulants de patates douces ou celles utilisées pendant les campagnes électorales. Les premières hèlent[6] les clients au moyen d'une voix nonchalante, tandis que[7] les secondes martèlent[8] des slogans et cassent les oreilles des électeurs.

Vocabulaire

1 distinguer A de B：AをBと区別する / 2 être intrigué(e)(s) par ～ ：～に気をひかれる / 3 tomber sur ～ ：（～に）たまたま出会う / 4 entendre + inf.：voir, entendre, écouter, sentirは知覚動詞と呼ばれ、「（～が）～するのが見える（聞こえる・感じられる）」という意味。この文では、不定法（retentir）の意味上の主語（ce genre de petites mélodies）が、entendreの直接目的補語に相当。 / 5 à l'image de ～ ：～に似せて / 6 héler：（遠くから）呼びかける / 7 tandis que ～ ：①（同時性）～する間に ②（対立・譲歩）～する一方 / 8 marteler：鳴り響かせる

内容確認問題 Vrai ou Faux

次の各文がテキストの内容と一致していれば○、していなければ×をつけましょう。

1) Le narrateur aime se promener dans les villes japonaises.

2) Les petites mélodies dans les transports publics n'existent qu'au Japon.

3) Les vendeurs de patates douces ont une voix extrêmement énergique.

column

街にあふれる音

江戸から大正まで、旬の食材や日用品の修繕などを扱う行商人は「振売（ふりうり）」と呼ばれました。明治期に訪日したフランス人も、街に活気を与える振売の様子を記録に残しています。近代のフランス文学、たとえばバルザックやプルーストの小説にも、小エビや生ガキ、オレンジやアスパラガスなど、多彩なパリの呼び売りの文句が出てきます。新聞や号外売りなど、20 世紀のパリの街にもまだわずかに呼び売りは残っていました。いまでは庶民の生活から失われたさまざまな節回し、どんなメロディーだったのでしょうね。

現代の街にあふれる音の多くは、通行人にメッセージを伝えるべく定型化されたデジタル音です。一度聴いたら忘れないメロディーもたくさんありますね。ためしに現代フランスを舞台にした映画を１本観てみると、駅や通りで聞こえる音、TV や電子機器から流れる音の違いに気づけるでしょう。フランスには公共音のコレクターもいて、アナウンス音のプレイリストを作り、ストリーミング配信しています。

文法解説 使役動詞・放任動詞

(1) **使役動詞** : faire + inf. で、「〜させる」の意味。

・語順は〈S + faire + inf. + inf. の主語〉となる。

Il fait travailler les élèves en groupes.

・se faire + inf. では、受け身の表現として、「〜してもらう」「〜される」の意味になる。外部からの行為や刺激に、文の主語が（不本意であっても）影響を受けるニュアンス。

Je me fais toujours surprendre par les camionnettes des vendeurs ambulants.

(2) **放任動詞** : laisser + inf. で、「〜させておく」の意味。

・語順は〈S + laisser + inf. の主語 + inf.〉となる。

Je laisse ma fille sortir jusqu'à minuit.

・se laisser + inf. では、受け身の表現として、「〜されるがままになる」「〜に身を任せる」の意味になる。外部からの行為や刺激に、文の主語が自ら身を委ねるニュアンス。

Je me laisse charmer par les sons, bruits et mélodies propres à chaque ville.

* 代名動詞 se faire, se laisser は、複合時制において être を助動詞にとりますが、過去分詞の性数一致は起こりません。

問題 1 faire / laisser のうち、文意にふさわしいものを選び、複合過去に活用しましょう。

1) La ville .... installer un piano en libre-service dans chaque gare.
2) Il .... les chats du quartier entrer dans son magasin.
3) Les clowns du spectacle de rue .... rire les passants.
4) J' .... mes enfants choisir la destination de nos prochaines vacances.

問題 2 se faire / se laisser のうち、文意にふさわしいものを選び、複合過去に活用しましょう。

1) Ils .... connaître grâce à leurs vidéos sur le Japon.
2) Je .... prendre en photo par mes amis alors que je dormais.
3) On .... tenter par un restaurant de nouilles qu'on a trouvé par hasard.
4) Le maire voulait détruire cet immeuble, mais les habitants ne .... pas .... faire !

いろいろ調べてみよう！

Mots-clés pour la discussion :

ジングル

学校のチャイム (la cloche)

サブリミナル効果 (les messages subliminaux)

BGM (les musiques de fond)

Les bruitages

選挙カー

警告音 (les alarmes)

Gare SNCF

ししおどし

駅構内のアナウンス

地下鉄のミュージシャン (les musiciens du métro)

ウグイス嬢

サウンドエフェクト

祭りばやし

騒音問題

閉店前のメロディー

風鈴

除夜の鐘

Le tapage nocturne

ラジオ体操

「音風景」

アドトラック

「家路」（ドヴォルザーク《新世界より》）

Les musiques d'attente téléphonique

気になる問いを選んで考えてみよう

あなたはどうですか？/みんなと語りあおう！

- ふだん移動中に聞こえてくるのは、どんなタイプの音でしょう？
  Quel genre de sons est-ce que vous entendez dans vos déplacements ?
- あなたにとって心地よい音、または耳障りな音はなんですか？
  Quels sont les sons que vous aimez bien ou que vous n'aimez pas du tout ?
- 「なつかしい」と感じる音やメロディーはありますか？
  Est-ce qu'il y a des sons ou des mélodies qui vous rendent nostalgiques ?
- 公共空間に流れる音は、どんなメッセージを人々に伝えているのでしょう？
  À votre avis, quels types de messages nous sont communiqués par les sons qui retentissent au sein de l'espace public ?
- 日常生活における音や BGM は、どういった効果や影響を私たちにもたらしますか？
  Quels effets ou quelles influences ont sur nous les sons et les musiques de fond qu'on peut trouver dans la vie quotidienne ?
- 勉強や仕事をするときは、全く音のない、静かな環境の方がいいですか？それとも少し賑やかな場所の方がいいですか？
  Quand vous étudiez ou travaillez, est-ce que vous préférez être dans un endroit calme, sans aucun bruit ou dans un endroit un peu animé ?

Texte 8

Chanter
Arthur Rimbaud « Le dormeur du val » (1870)

♪ 09

アルチュール・ランボー（1854-91）は、10代半ばから20歳までの短い創作期間で、『地獄の一季節』（1873）などの傑作を残し、後世に大きな影響を与えた天才詩人です。初期作品「谷間に眠る男」は、1870年の普仏戦争のさなか、故郷を飛び出し放浪する途上で書かれました。不条理な戦争への若々しい抗議の意思が表れており、20世紀にはシャンソンとしても歌われた名高い詩です。情景を思い浮かべながら、作品を読み解いてみましょう。

C'est un trou de verdure[1] où chante une rivière,
Accrochant follement aux herbes des haillons[2]
D'argent ; où le soleil, de la montagne fière,
4 Luit : c'est un petit val qui mousse de rayons.

Un soldat jeune, bouche ouverte, tête nue,
Et la nuque baignant dans le frais cresson bleu,
Dort ; il est étendu dans l'herbe, sous la nue,
8 Pâle dans son lit vert où la lumière pleut.

Les pieds dans les glaïeuls[3], il dort. Souriant comme
Sourirait un enfant malade, il fait un somme[4] :
11 Nature, berce-le chaudement : il a froid.

Les parfums ne font pas frissonner sa narine[5] ;
Il dort dans le soleil, la main sur sa poitrine,
14 Tranquille. Il a deux trous rouges au côté droit.

Vocabulaire

1 verdure (n. f.)：草むら / 2 haillon (n. m.)：（よく複数形で）ぼろきれ、ぼろ着 / 3 glaïeul (n. m.)：グラジオラス。剣を思わせる尖った葉の形から、ラテン語の「刀剣 *gladius*」に由来する名を持つ。夏には丈高く伸び、赤や紫など色鮮やかな花を咲かせる。 / 4 faire un somme：ひと眠りする / 5 narine (n. f.)：鼻孔。通常 narinesと複数形にするが、この詩ではおそらくあえて単数形で表されている。

Arthur Rimbaud
(1854-91)

内容確認問題 Vrai ou Faux

次の各文がテキストの内容と一致していれば○、していなければ×をつけましょう。

1) Le jeune soldat semble mort.

2) Les deux trous rouges sont les boutons du vêtement du soldat.

3) Il pleut dans la scène.

column フランス詩を味わってみよう

フランス文学の伝統において、韻（いん）文詩は時代とともに洗練されていった言語芸術です。その特徴は、韻律と脚韻という形式にあります。韻律は、音の長短やイントネーションによって音楽的な効果を生み出します。1行の詩句には8音節、10音節など音節（syllabe）の数に規則があり、近代詩でよく用いられたのは12音節詩「アレクサンドラン」(alexandrin) です。詩行の最後では、同一音を繰り返す決まりがあり、これを脚韻と呼びます。脚韻にも、同音が連続する「平韻」(AABB)、2種類の音が交差する「交差韻」(ABAB)、韻と韻のあいだに別の韻が割りこむ「抱擁（ほうよう）韻」(ABBA) などがあります。

「谷間に眠る男」は、「ソネ」と呼ばれる14行詩で、アレクサンドランで書かれています。一見伝統的な形式を踏まえたようでいて、随所に詩の常識を打ち破る挑戦がなされています。1回読んで意味をつかんだら、ゆっくりと読み上げてみましょう。古典的なアレクサンドランならば、意味上も文法上も6音節／6音節で分かれるところです。しかしこの詩は、意表をつくイレギュラーなリズムを刻み、サスペンスの緊張をもたらすしかけが散りばめられています。再読するときは、繰り返しの要素（dort や trou といった言葉の反復）や、色の対照（赤と緑など）に着目し、どんな効果を上げているか考えるのも、フランス詩を読む醍醐味です。

文法解説 現在分詞とジェロンディフ Participe présent et gérondif

- **単純形**：現在形活用の〈Nous -ons〉から、-ons をとって -ant をつけたもの［例外は ayant（avoir）と étant（être）と sachant（savoir）のみ］。否定形は〈ne (n') -ant pas〉
- **複合形**：助動詞（avoir か être）の現在分詞＋過去分詞。動作の完了を表す。

(1) 形容詞的用法：

形容詞のように名詞・代名詞に後置され、それらを説明する。このとき分詞は関係代名詞 qui を使って書き換えられる。

Je cherche un livre parlant de la vie de Rimbaud.

(2) 分詞構文（主語の同格）：

〈分詞節, SV...〉または〈SV... , 分詞節〉の語順。「条件（～ならば）」・「原因（～なので）」・「同時性（～しながら）」・「対立（～なのに）」・「手段（～することによって）」などを意味する。分詞構文は、接続詞（comme や parce que など）を使って書き換えられる。

Ayant publié quelques recueils de poèmes, il a ensuite renoncé à l'écriture.

★分詞や分詞構文は、言葉数が少なく簡潔な表現なので、文章でよく用いられる。文頭・文中・文末、いずれの位置にも置かれ、さまざまな解釈を可能にする。

(3)〈en ＋現在分詞〉の形をジェロンディフと呼ぶ。分詞構文と同じように「手段・同時性・条件・対立」などを表し、会話でよく使われる。

En écoutant tes explications, je comprends mieux le sens du poème.

問題 **各文に合う動詞を選択肢から選び、活用させて書き入れましょう（必要に応じて大文字に変えてください）。**

［allant / ayant grandi / ayant obtenu / ayant travaillé / étant / étant terminée / sachant / s'étant installée］

1) Au Moyen Âge, il n'y avait pas beaucoup de gens .... lire et écrire.
2) .... dans une famille très engagée en politique, j'ai souvent participé à des manifestations, ... jeune.
3) Est-ce que tu connais le nom de tous les écrivains français .... le prix Nobel de littérature ?
4) .... toute la nuit sur son nouveau roman, il s'est endormi sur sa chaise.
5) Sa femme .... au Japon, il l'a suivie, ... de temps à autre en Europe pour exposer ses tableaux dans des galeries d'arts.
6) La guerre ...., il fallait à présent reconstruire le pays et restaurer la paix.

いろいろ調べてみよう！

Mots-clés pour la discussion :

自己検閲 (l'autocensure)

Trust « Antisocial »

Stromae

Paul Éluard « Liberté »

与謝野晶子「君死にたまふことなかれ」

Boris Vian « Le déserteur »

沢田研二「脱走兵」

Angèle « Balance ton quoi »

ジョン・レノン

Charles Aznavour « Comme ils disent »

Serge Reggiani

忌野清志郎 Yves Montand

アンガージュマン (l'engagement)

川上音二郎「オッペケペー節」

『カナール・アンシェネ *Le Canard enchaîné*』

« Le Temps des cerises »

『ビルマの竪琴』

ピカソ《ゲルニカ》

『シャルリー・エブド *Charlie Hebdo*』

ゾラ「私は告発する *J'accuse… !*」

『硫黄島からの手紙』

Jean Renoir *La Grande illusion*

藤田嗣治《アッツ島玉砕》

「さとうきび畑の唄」

Mc Solaar

あなたはどうですか？/みんなと語りあおう！

気になる問いを選んで考えてみよう

- この若い兵士とその周りにある自然の描写に注目して読み、とくに印象に残った一節を選んで、話し合ってみましょう。
  Discutez ensemble d'un passage du poème qui vous a particulièrement marqué(e), en vous intéressant particulièrement à la description du jeune soldat et de la nature qui l'environne.

- 反戦を訴える本（小説、エッセイ、絵本、マンガ）を知っていますか？
  Est-ce que vous connaissez des livres (romans, essais, livres d'images, mangas…) qui sont contre la guerre ?

- 日本の詩や歌で社会問題を直接的・間接的に扱っているものは知っていますか？
  Est-ce que vous connaissez des poèmes ou des chansons japonais qui traitent, directement ou indirectement, de questions sociales ?

- 歌手やアーティストは、なるべく社会問題をテーマにするべきでしょうか？それとも控えた方がいいでしょうか？ Les chanteurs et artistes doivent-ils traiter le plus possible de thématiques liées aux problèmes sociaux ? Ou bien doivent-ils éviter de le faire ?

- 芸術作品に「不適切な表現」が含まれる場合、検閲の対象にすべきでしょうか？それとも作者の表現の自由を尊重すべきでしょうか？
  Est-ce que les œuvres d'art qui comportent des contenus ou expressions « inappropriés » doivent être l'objet de censures ? Ou est-ce qu'il faut respecter la liberté d'expression des artistes qui ont créé ces œuvres d'art ?

Texte 9 S'entendre avec les autres

他者とわかりあう

♪ 10

学校帰りのカオル君が、今日のできごとを家庭で話しています。地域社会に暮らす人々をよりよく理解するために、この親子はまず相手の話す言葉を知ろうとしているようです。

— Maman, maman, tu sais quoi ? Aujourd'hui, il y a une nouvelle élève qui est venue dans la classe. Elle s'appelle Emma et elle vient du Canada.

— Ah c'est bien, ça ! Elle parle anglais ?

— Euh, en fait, elle m'a dit qu'elle venait du Québec et que là-bas, tout le monde parlait surtout français. Elle peut aussi parler anglais, mais quand elle était au Canada, elle utilisait le français à la maison et à l'école.

— Elle n'a pas de problèmes en japonais ?

— Bah, sa maman est japonaise, du coup[1], elle peut se débrouiller[2] en japonais. Mais elle m'a dit qu'il y avait des kanjis qu'elle n'arrivait pas à lire. La maîtresse lui a dit de s'asseoir à côté de moi, du coup, on est devenus amis !

— C'est très bien, ça. Tu pourrais peut-être l'aider en lui écrivant la lecture des kanjis ? Comme ça, ce serait plus simple pour elle de lire le manuel ou les polycopiés[3].

— Oui, c'est vrai. La maîtresse, elle nous a dit qu'elle n'avait jamais été douée en langues étrangères depuis qu'elle était petite et qu'Emma avait beaucoup de chance de pouvoir parler anglais et français.

— Tu sais, moi non plus[4] je n'aimais pas les cours d'anglais. On me disait souvent que j'avais une mauvaise prononciation... mais au bout d'un moment, j'ai compris qu'il fallait arrêter d'avoir peur de faire des erreurs et que c'était plus important d'essayer de communiquer quelque chose, même si ce n'était pas parfait. En tout cas, j'aimerais bien la rencontrer, ta nouvelle amie venue du Québec !

— En fait, comme elle habite pas loin de chez nous, on s'est promis[5] qu'on irait jouer ensemble au parc, ce week-end.

— Ah bon, je n'étais pas au courant[6], moi ! Tu peux lui dire qu'on pourrait y aller, avec sa mère ou son père, et qu'après on pourrait passer à la maison pour le goûter ?

— Ah oui, ce serait trop bien !

Vocabulaire

1 du coup：だから、それで / 2 se débrouiller：うまくやる / 3 polycopié (n. m.)：プリント / 4 non plus：(否定文を受けて)～もまた(～でない)。肯定文ではaussiを用いる。/ 5 se promettre：約束しあう / 6 être au courant (de ～)：(～を) 知っている

内容確認問題 Vrai ou Faux

次の各文がテキストの内容と一致していれば○、していなければ×をつけましょう。

1) Dans la classe, Kaoru et Emma sont assis côte à côte.

2) Emma n'a aucun problème en japonais.

3) La mère de Kaoru a toujours été à l'aise en anglais.

column

誰もがありのままで

メディアには、よく「日本人らしさ」という表現が出てきます。しかしそれは実際何を意味するのでしょう。容姿やしぐさなど外面的なもの？ 日本語の流暢さ？ それとも「和を尊ぶ心」？意外とあいまいです。他方で、外国にルーツをもち、国内外で活躍するアスリートやクリエイターも増えています。「多文化共生」がうたわれる現代で、私たちはどれくらいそのことを意識しているでしょうか。

2020年代に入り、日本の総人口は減少を続けるものの、居住外国人は増えています。とくに若い世代では、アジアを中心に留学生や労働者人口の伸びが目立ちます。サービス業、建設業、医療・介護業界など多くの分野が、外国からきた働き手に支えられているのです。「日本生まれの日本人」を前提とするのではなく、誰もがルーツを尊重され、必要な助けを得られる社会のしくみ作りが不可欠です。多くの自治体が日本語を母語としない子どものために、日本語教育のサポートや、宗教を尊重したハラール給食の提供などの取り組みをしています。

文法解説 直接話法と間接話法 Discours direct et discours indirect

• **話法について**

(1) 直接話法：誰かの言葉を直接 «　» に入れて引用する。

(2) 間接話法：「誰かの言葉」を、「話者の言葉」に変換し、話者の立場から語り直す。引用された言葉は従属節に置かれ、人称代名詞や動詞の時制、時の副詞なども必要に応じて変化する。

Elle m'a dit : « Je viens du Québec. » ⟷ Elle m'a dit qu'**elle** venait du Québec.

• **過去時制の一致について**

主節	従属節の内容	従属節の時制
過去の時制	過去における現在 →	直説法半過去
	過去における過去 →	直説法大過去
	過去における未来 →	条件法現在

• **おもな時の副詞の変化**

aujourd'hui → ce jour-là　　demain → le lendemain　　hier → la veille

• **疑問文、命令文の場合**

(1) 一般的な疑問文は、que ではなく si で導かれ、疑問符はピリオドに変わる。

(2) 疑問詞を含む疑問文では、si を使わずに、quand / pourquoi / où / comment などの疑問詞で導かれる。ただし、qu'est-ce que は ce que に変化する。

(3) 肯定命令文は〈de ＋ inf.〉で導かれる。否定命令文は〈de ne pas ＋ inf.〉で導かれる。

問題 直接話法になっている文を間接話法に書き換えましょう。

1) Il a demandé à ses collègues : « Vous êtes déjà allés en Algérie ? »

→ ……………………………………

2) Ma meilleure amie m'a dit : « Je serai au Japon début avril pour voir ma famille. »

→ ……………………………………

3) On m'a demandé : « Pourquoi est-ce que vous étudiez le français ? »

→ ……………………………………

4) L'enseignante a dit aux étudiants : « Ne confondez pas la République démocratique du Congo avec la République du Congo. »

→ ……………………………………

5) Nous avons demandé à notre fils : « Qu'est-ce que tu voudrais faire comme métier ? Dans quel pays est-ce que tu voudrais vivre ? »

→ ……………………………………

いろいろ調べてみよう！

Mots-clés pour la discussion :

ミックス

二重国籍 (la double nationalité)

移民政策 (la politique d'immigration)

ヘイトスピーチ

外国籍のこどもの就学

包摂的な社会

地毛証明書

日本語教育

おもてなし

JET プログラム

外国人参政権

ハラール給食 (le halal à la cantine)

métis(se)

入国管理局

ハーフ

Edward Saïd

「外人・外国人」

外国人技能実習生

CLAIR

インターセクショナリティ

血統主義・出生地主義 (le droit du sang / le droit du sol)

多文化共生

国際結婚

Lévi-Strauss

l'intégration（社会統合）

ダブル

帰国子女

Le postcolonialisme

la loi Gayssot

アイデンティティ

Les mariages mixtes

気になる問いを選んで考えてみよう

あなたはどうですか？/みんなと語りあおう！

- 英語とフランス語以外で、勉強したい言語は何ですか？それはなぜですか？
  Quelles langues est-ce que vous aimeriez étudier, à part l'anglais et le français ? Pourquoi ?
- 外国語を学ぶ意義とは何でしょうか？
  Pourquoi est-ce qu'on apprend une langue étrangère ?
- フランス語圏の国々に関するステレオタイプは何がありますか？それは本当でしょうか？
  Est-ce qu'il existe des stéréotypes concernant les pays francophones ? Est-ce qu'ils sont avérés ?
- いままで、自分のクラスに、日本以外のルーツを持つ友達や同級生はいましたか？
  Est-ce que vous avez déjà eu des ami(e)s ou des camarades de classe qui avaient des origines autres que japonaises ?
- 「ハーフ」という言葉は差別的だと思いますか？「帰国子女」や「ハーフ」に憧れる人がいるのはなぜでしょう？
  Est-ce que vous pensez que le mot ハーフ (métis, métisse) est discriminatoire ou raciste ? Pourquoi certaines personnes envient les 帰国子女 (personnes ayant vécu ou étudié à l'étranger) ou les ハーフ ?

Texte 10

Vivre à son rythme

自分のリズムで生きる

♪ 11

ある日仏カップルがフランスを旅しています。女性のほうは、日本の時間感覚との違いに戸惑っていますが、パートナーはのんびりとしています。彼女が急ぐ理由、けんかと仲直りのいきさつとは…？

— Je ne comprends pas, le bus n'arrive pas... Au Japon, ça n'arriverait pas, ce genre de choses !

— C'est bon, détends-toi[1], c'est les vacances...

— Non, mais tu ne comprends pas, on doit être à Saint-Paul-de-Vence d'ici ce soir. En plus, j'ai réservé une table dans un super restaurant, à 20h. Et si on rate[2] ce bus, il n'y en a pas d'autres avant quelques heures !

— Eh bien, on peut y aller un autre jour...

— Ne dis pas n'importe quoi, c'est un restaurant où il faut réserver des mois en avance pour espérer avoir une place.

— Bon, bah, on en trouvera un autre, de restaurant[3]...

— Ah non, ça ne peut pas être un autre restaurant : j'y tiens, moi, à mon restaurant ! Et puis, tu sais quel jour on est, aujourd'hui ?

— Bah, le 18 avril, non ?

— Tu en es sûr ?

— Euh... Ah non, on est le 19. Bon, et alors ?

— Eh bien, ça veut dire que ça fait trois ans qu'[4]on est en couple, banane[5] !

— Ah oui ! C'est vrai, je ne m'en souvenais plus...

— Ça ne m'étonne pas de toi ! Tu sais quoi, je voulais fêter nos trois ans dans ce restaurant, parce que tu m'avais dit l'autre fois que tu aimerais bien y aller un jour.

— Oh, c'est vraiment gentil d'y avoir pensé… mais ce n'est pas la peine d'en faire autant[6] pour moi. Tant qu'on est ensemble, tout me va...

— Eh bien, moi, je te dis que c'est ensemble qu'on va faire ce restaurant. Ça nous fera un bon souvenir de notre voyage dans le Sud !

— Ah, bah, justement ! Le voilà, ton bus !

Vocabulaire

1 se détendre：リラックスする。肯定命令文では、再帰代名詞が動詞の直後に置かれ、ハイフンで結ばれて強勢形に変化する。/ 2 rater：失敗する、逃す / 3 en ... un autre：この en は不特定の restaurant を受ける。un autre, de restaurant... と続き、「別の店がいくらでもある」というニュアンスを強調。/ 4 Ça fait ... que + S V：（期間が）〜になる / 5 banane (n. f.)：（口語で）ばか、まぬけ / 6 en faire autant：これほどのことをする（言外に autant de choses などの表現が示唆され、話者が自然と en に置き換えている）

内容確認問題 **Vrai ou Faux**

次の各文がテキストの内容と一致していれば○、していなければ×をつけましょう。

1) Les deux personnages attendent un autobus.

2) Elle a réservé un restaurant pour fêter les 20 ans de leur couple.

3) C'est un restaurant qui n'a pas beaucoup de succès.

column

時にまつわる名言

せわしない現代生活には、「したいこと」や「すべきこと」があふれ、とても1日24時間では足りません。「時は金なり」と言いますが、フランスにも « Le temps, c'est de l'argent. » という格言があります。「時間を稼ぐ」を « gagner du temps »、「時間を損する」を « perdre du temps » と言います。私たちはお金と同じ感覚で時間を計っているのでしょうか。

日本ではよく、1分の遅れでも問題視されますが、ヨーロッパには「*Festina lente*（フェスティナ・レンテ）」（ゆっくり急げ）というラテン語の戒めがあります。フランスの時間感覚では、「15分」(un quart d'heure) がひとつの目安です。« Le quart d'heure de politesse » といえば、誰かに招かれたとき、あえて15分程度遅れて着くことを意味します。これはホストを思いやるたしなみとされます。「ラブレーの15分」という表現は、ルネサンスの文人ラブレーがのこしたエピソードにちなみ、レストランで会計するときの気づまりな時間を指します。そのラブレーは、「時はすべてを成熟させる。時は真実の父である」という味わい深い格言を残しています。

文法解説　中性代名詞 Pronoms neutres

(1) 中性代名詞 en

a) 〈de ＋前述のもの〉に代わる：「それを／に」

« Tu te souviens de ce film ? » « Oui, je m'en souviens bien. »

b) 〈不定冠詞 des ／部分冠詞 du・de la・de l' ／否定の de ＋名詞（人でも物でも可）〉に代わる。

« Avez-vous des amis ? » « Non, je n'en ai pas. »

c) 数量表現や〈数詞＋名詞〉を en で受け、どれくらいあるかを示す。

en ... beaucoup（un peu / assez / aucun[e] など）／

en ... un / une（deux, trois など）

« Tu as beaucoup de vêtements ? » « Oui, j'en ai assez. »

« Tu as combien de valises ? » « J'en ai deux. »

* 数量表現：aucun（いかなる［もない］）、beaucoup de（たくさんの）、assez de（十分な）、un peu de（少しの）

(2) 中性代名詞 y

a) 〈à ＋（dans, en, chez など）＋場所〉に代わる。「そこに／へ／で」

« Je vais à la bibliothèque. » « Moi aussi, j'y vais. »

b) （動詞や形容詞につく）〈à ＋もの〉に代わる。「それに」

Elle m'avait envoyé un e-mail. J'y ai répondu.　(répondre à ～：～に答える)

* en に置き換えられる語は、必ず不定冠詞・部分冠詞とともに出てくるとは限らない。定冠詞をともなう語を、話者が会話の流れでとくに意識せず en に置き換えることもよくある。y も同様で、必ず前置詞 à をともなう語に置き換えられるとは限らない。

« Tu aimes le sport ? » « Oui, j'en fais souvent. » (en = du sport)

問題 空欄に、en / y のどちらかふさわしいものを入れましょう。

1) Ah l'argent, on n'.................. a jamais assez ! Et le temps, on .... manque toujours.
2) Tu as acheté un cadeau pour Julien ? — Ah, je n'.................. avais pas pensé !
3) Le sommeil, on .... a besoin pour la santé de notre cerveau.
4) Il y aura de plus en plus de touristes dans ce pays, j'.................. suis sûr !
5) Tout le monde dansait et avait oublié l'heure qu'il était. Personne n'.................. faisait attention.
6) Vous aimez bien la ville où vous êtes né ? — Oui, j' .... suis très attaché.

いろいろ調べてみよう！

Mots-clés pour la discussion :

「三年寝太郎」

Carpe diem

Les rendez-vous

サマータイム (l'heure d'été)

Beckett, *En attendant Godot*

体内時計

la statue de Danton au carrefour de l'Odéon

5分前集合

効率性

L'efficacité

寺院の鐘

収益性 (la rentabilité)

科学的管理法

遅刻魔

Le taylorisme

le quart d'heure diplomatique

La place Saint-Michel

ハチ公前広場

マイペース

定時運行

タイムカード

「果報は寝て待て」

ミヒャエル・エンデ『モモ』

Otium & Negotium

« Le lièvre et la tortue »

タイムトラベル

Léo Ferré « Avec le temps »

日時計 (le cadran solaire)

le farniente

チャップリン『モダン・タイムス』

柱時計

すきま時間

気になる問いを選んで考えてみよう

あなたはどうですか？/みんなと語りあおう！

- 冒頭の会話をしているカップルの、どちらにより共感を覚えますか？
  Avec quelle personne du couple est-ce que vous êtes d'accord ?

- 友達との待ち合わせで、人を待つほうですか、待たせるほうですか？
  Lorsque vous avez un rendez-vous avec un ami ou une amie, est-ce que vous êtes du genre à attendre ou bien à faire attendre ?

- スマートフォンで連絡が取れる現代は、遅刻に対して寛容になったのでしょうか、不寛容になったのでしょうか？ À une époque où nous pouvons communiquer par smartphone, est-ce que nous sommes devenus tolérants ou bien intolérants vis-à-vis des retards ?

- 食べる時間がもったいない、寝る時間がもったいない、と思うタイプですか？時間を無駄にしたと感じるのはどんな時ですか？
  Est-ce que vous pensez que les moments où nous mangeons et dormons sont une perte de temps ? Est-ce qu'il y a des moments où vous vous dites que vous avez perdu votre temps ?

- まったく時計を見ずに1日を過ごしたらどうなるでしょう？そもそも可能でしょうか？
  Qu'est-ce qui se passerait, si vous passiez une journée sans connaître l'heure ? Est-ce que ce serait possible ?

- 「長く生きても、少しだけしか生きなかった者もいる」というモンテーニュの言葉について、どう考えますか？ Que pensez-vous de cette citation de Montaigne : tel a vécu longtemps, qui a vécu peu ?

Texte 11

Travailler

働く

♪ 12

ある大学の集会で、「働くこと」をテーマに講演が行われています。若きリーダーは、同世代の学生たちに対して、どのような生き方を呼びかけているのでしょうか？耳を傾けてみましょう。

« Ces derniers temps, nous voyons de plus en plus de gens qui ne sont pas heureux dans leur travail, parfois victimes de « burn-out[1] » ou de « bore-out[2] ». Si certains se sentent impuissants ou blasés[3] face à cette situation, disant qu'il n'y a rien que nous puissions faire, d'autres comme moi souhaitent que cela change le plus rapidement possible ! Oui, il est vraiment temps que nous changions notre manière de travailler, avant qu'[4]il ne soit trop tard, car si nous ne faisons rien pour endiguer[5] ce problème dès maintenant, j'ai bien peur que les conséquences soient irréversibles. Nous ne sommes pas de vulgaires rouages d'un système visant la rentabilité à tout prix !

Dans certains pays, on parle même d'adopter la semaine de quatre jours pour l'ensemble de la société, afin que chacun ait du temps pour la famille, la vie de couple ou tout simplement pour soi. Aujourd'hui, avec le télétravail, les moyens numériques, nous pouvons trouver des solutions pour mieux vivre, bien que cela nécessite une véritable organisation, notamment au niveau des emplois du temps. La question est surtout : faut-il que cette nouvelle organisation se fasse au détriment de la productivité ?

Certains me disent qu'il est possible de trouver un équilibre entre les impératifs[6] de progrès économique et la dimension sociale. Je comprends qu'on puisse penser ainsi, mais cela ne concernerait qu'une minorité d'entreprises qui auraient le luxe de se comporter ainsi. À mon avis, il est nécessaire que nous abandonnions l'idée même d'avoir une croissance économique éternelle. Personnellement, je ne pense pas que le bonheur dépende uniquement du PIB[7] par habitant.

Si vous êtes d'accord avec moi, la meilleure chose que nous

puissions faire à présent, c'est nous battre ensemble pour une société où le travail ne serait plus synonyme de souffrance, mais une activité qui nous permette de vivre avec dignité et humanité. »

Vocabulaire

1 burn-out :「燃え尽き症候群」。仕事に熱心だった人が突然意欲を失う状態。/ 2 bore-out :「退屈症候群」。やりがいのない仕事の繰り返しに気力を失った状態。/ 3 blasé (de ~) (adj.) : (~に) 無感覚になった / 4 avant que + S V (接続法) : ~する前に。従属節に単独で現れる ne は「虚辞の ne 」と呼ばれ、否定の意味をもたない。/ 5 endiguer : 阻止する / 6 impératif (n. m.) : 要請、必要 / 7 PIB : 国内総生産 (« produit intérieur brut » の略語)

内容確認問題 Vrai ou Faux

次の各文がテキストの内容と一致していれば○、していなければ×をつけましょう。

1) L'orateur veut convaincre le public de rejoindre son mouvement.

2) Beaucoup de pays ont déjà adopté la semaine de 4 jours.

3) L'orateur pense que le bonheur n'a absolument aucun rapport avec l'argent.

column 自分のために働く

かつて日本人は海外で「働きアリ」と呼ばれ、「24 時間戦えますか?」というキャッチコピーが CM で流れていました。しかし現代では、職業や働き方、ワーク・ライフ・バランスなどは、社会の規格に合わせるものではなく、個人が自由に選ぶものという意識に変わっています。超高齢社会が到来し、ライフステージに合わせて多様な働き方が可能になりました。

フランスでは労働者の権利意識が高く、「ストライキ (la grève)」が盛んです。かつてパリ市庁舎前広場 (la place de Grève) に、仕事を求める失業者が集っていたことに由来します。週休 2 日制やバカンスの権利、休日労働の制限などは、長い闘争のはてに勝ち取られてきた権利です。現代でも、フランスやベルギーでは、ワーク・ライフ・バランスの議論が積極的になされています。「週休 4 日制」や、勤務時間外の仕事メールを制限する「つながらない権利」の提案は、フレキシブルな働き方を受け入れる社会を創る意志の表れです。

文法解説 接続法 Subjonctif

接続法（subjonctif）は、文が述べる事態を、主観的・感情的に表す時に用いられる時制です。事実を客観的に述べる直説法とは区別されます。

(1) 名詞節

・主節の動詞が、義務・可能性（il faut, il est possible）、意志・願望（souhaiter, vouloir）、疑念・危惧（douter, craindre）などを表し、事実かどうかはっきりしないとき。

・主節の動詞が、満足・悲しみ・後悔などの感情（être content, regretter など）を表すとき。

・主節の動詞が、意見・認知（croire, penser, savoir など）を表すが、否定文・疑問文に置かれたとき。［肯定文では、従属節は直説法をとることに注意］

J'ai peur / **Je suis triste** / **Je ne pense pas** qu'il soit malade.

(2) 形容詞節（関係節）

・先行詞が ① 不特定なものを表す場合 ② rien, personne などの否定表現の場合
③ 先行詞が最上級やそれに準ずる表現（le seul など）によって強い限定を受けるとき。

Je cherche **une personne** qui parle le japonais et **le seul Japonais** que je connaisse est en vacances : je **ne** trouve donc **personne** qui puisse m'aider.

(3) 副詞節

・順序（avant que）、目的（pour que, afin que）、条件（pourvu que）、否定（sans que）などを表す接続詞の後で。

C'est un film intéressant, **bien qu'**il y ait des passages un peu longs.

問題 選択肢からふさわしい動詞を選び、活用させて書き入れましょう。

［aller / avoir / faire / fatiguer / pouvoir / réfléchir / savoir］

1) Je travaille dur pour que mes enfants .... une meilleure vie.
2) On est tous tristes que vous ne .... plus partie de l'équipe.
3) Pose tes jours pour cet été : je veux qu'on .... en vacances tous ensemble.
4) Il faut que je .... à mon avenir, bien que ça me ....
5) Une nouvelle personne a été embauchée sans que nous le .... !
6) Je ne crois pas que les robots .... remplacer tous les hommes.

いろいろ調べてみよう！

Mots-clés pour la discussion :

Thomas Piketty La solidarité 働き方改革 育児休暇 (les congés parentaux) 出産休暇 (les congés de maternité) La décroissance ワーク・ライフ・バランス 育児休業制度 有給休暇 マミートラック QOL (la Qualité de vie) Les stages 模合（もあい） ブラック／ホワイト企業 インターンシップ Les start-ups ストライキ (les grèves) ビジョナリー・カンパニー « La Cigale et la Fourmi » 労働組合 (les syndicats) サービス残業 新卒採用 パートタイム 春闘 生産性 やりがい搾取 ワンオペ リモートワーク (le télétravail) アルバイト 最低賃金 ベーシックインカム (le revenu universel de base) La productivité ソーシャルビジネス

気になる問いを選んで考えてみよう

あなたはどうですか？/みんなと語りあおう！

- 「お客様の笑顔」は働くモチベーションとなるでしょうか？
  Est-ce que le sourire des clients (la reconnaissance) peut être une source de motivation pour notre travail ?
- 「自己実現」は働くモチベーションとなるでしょうか？
  Est-ce que l'accomplissement personnel (le développement personnel) peut nous motiver à travailler ?
- 組織の待遇に不満があるならば、ストライキをすべきでしょうか？
  Doit-on faire grève, si l'on est mécontent de ses conditions de travail au sein de l'entreprise ?
- 実業家・資産家の寄付は、公表されることがのぞましいでしょうか？匿名でなされることがのぞましいでしょうか？ Est-ce qu'on devrait rendre public tous les dons en argent faits par les hommes et femmes d'affaires, les classes fortunées ? Ou est-ce que cela devrait se faire de manière anonyme ?
- 週４日制についてどう思いますか？給料が少し下がっても、制度を利用したいと思いますか？
  Qu'est-ce que vous pensez de la semaine de 4 jours ? Est-ce que vous seriez d'accord pour adopter ce système, même si votre salaire baissait un petit peu ?
- 経済格差を是正したり、貧困問題を解決するため、ベーシックインカムを導入するべきだと思いますか？ Est-ce que vous pensez qu'on devrait introduire un revenu universel de base pour diminuer les inégalités de richesse ou résoudre les problèmes de pauvreté ?
- 人々はなぜ働くのでしょうか？人は働くために生まれたのでしょうか？
  Pourquoi travaille-t-on ? L'être humain est-il fait pour travailler ?

Texte 12

Se connecter

つながる

♪ 13

インターネットはいまや、生活のインフラとなっています。スマートフォンは世界中に普及しており、幅広い世代の人々が、SNSや動画などのコンテンツを日々チェックしています。ひとりで複数のアカウントを持つ人も多いです。SNSは、人同士のかかわりに対する意識を変えたのでしょうか。

L'autre jour, j'ai posté une photo sur les réseaux sociaux, comme d'habitude. Avec une amie, on s'était prises en photo avant la cérémonie de la majorité[1], parce qu'on s'était habillées en kimono pour l'occasion[2].

Mes connaissances ont globalement « liké[3] », mais je ne sais pas pourquoi, des gens que je ne connaissais pas du tout se sont mis à me critiquer violemment, disant que je ne ressemblais à rien, que mon kimono était vraiment moche, bref, que « je me la racontais »[4].

Je ne pensais pas que j'allais provoquer un tel torrent[5] de critiques, en postant une photo. Au début, je me suis dit que c'était de la jalousie. On s'est parlé au téléphone avec une de mes meilleures amies et je me suis rendu compte que j'avais posté des choses qui montraient uniquement les moments positifs de ma vie. Au fond, je suis fatiguée de cette situation où les gens doivent se « liker » et se battre pour savoir qui aura le plus de commentaires positifs. Je me suis aperçue que j'étais dépendante du[6] regard des autres, que j'avais besoin de reconnaissance sociale, en accordant trop d'attention au qu'en-dira-t-on[7].

Bien sûr, tout n'est pas négatif dans les réseaux sociaux. J'ai pu faire de bonnes rencontres et je me suis liée avec des gens qui partageaient les mêmes centres d'intérêt ou les mêmes passions que moi. Il fallait donc trouver un équilibre et je me suis dit que je devais changer mes habitudes, arrêter de me préoccuper des notifications de mon smartphone.

Je me suis donc décidée à prendre de la distance avec les réseaux sociaux, éteindre mon smartphone pendant quelques heures dans la journée, instaurer des jours où je ne suis pas du tout sur les réseaux sociaux ou publier des choses où je me montre sous un jour plus naturel. Une sorte de détox, en somme.

Vocabulaire

1 majorité (n. f.)：成年（成人式は cérémonie de passage à la majorité とも）/ 2 pour l'occasion：その機会のために / 3 liker：SNS で「いいね」をする / 4 « Je me la racontais »：「私が自慢していた」と / 5 torrent (n. m.)：急流、ほとばしり / 6 être dépendant (de qn./qc.)：(〜に) 依存した / 7 qu'en-dira-t-on (n. m.)：他の人が（自分について）言うこと

内容確認問題 Vrai ou Faux

次の各文がテキストの内容と一致していれば○、していなければ×をつけましょう。

1) La narratrice s'est habillée en kimono pour l'anniversaire d'une amie.

2) Elle a été affectée par les commentaires qu'on a faits à propos de la photo qu'elle a publiée sur les réseaux sociaux.

3) Elle a finalement décidé de jeter son smartphone.

column 「つながる文化」の歴史

昔の映像作品には、ポケベルや黒電話など、懐かしい通信手段が出てきます。明治時代に郵便や電話が導入される前は、飛脚や旅人が遠方まで手紙を届けていました。江戸時代には市中に「落書」が盛んに描かれました。匿名の政治批判や社会風刺で、見つかれば重罪でした。俳諧をたしなむ人々は、「座」や「連」を作り、お互いの俳句をつなげてひとつの作品にしていました。匿名で（メッセージを）発信したり、趣味のコミュニティをつくったりと、現代の SNS に通じる文化があったのです。

すべてのコミュニケーションがリアルタイムで可能となった現代、地球上どこでも、空の上からでさえ瞬時に「つながる」ことができます。しかし、ネット上に晒された個人情報が事件となることも多く、フランスではデジタルタトゥーから青少年を守るため、2015 年に « droit à l'anonymat en ligne » が制定されました。日本でも匿名の誹謗中傷から人権を守るため、個人情報開示請求の簡易化が進んでいます。サイバー空間における表現のあり方、言論の自由と個人の人権とのバランスが、世界中で模索されています。

文法解説 代名動詞② 複合過去における過去分詞の一致

- 代名動詞は複合過去において、つねにêtreを助動詞にとる。再帰代名詞seは助動詞に前置される。
- seが直接目的語のときに限り、過去分詞はse（すなわち主語）の性・数と一致する。
- 用法のおさらい

再帰的用法	「自分を（に）～する」	seが直接目的語	過去分詞はseの性・数と一致 Elle s'est prise en photo.
		seが間接目的語	過去分詞の性数一致なし Elle s'est lavé les mains.
相互的用法	「たがいに～する」	seが直接目的語	過去分詞はseの性・数と一致 Elles se sont embrassées.
		seが間接目的語	過去分詞の性数一致なし Elles se sont écrit.
受動的用法	「～される」	seはつねに直接目的語	過去分詞はseの性・数と一致 Ces robes se sont bien vendues.
本来的用法	代名動詞としてしか使われないものなど	seはつねに直接目的語	過去分詞はseの性・数と一致 Elle s'est souvenue de lui.

問題 （　）内の動詞をふさわしい過去分詞の形に変えましょう。

1) Ils se sont .... sur les réseaux sociaux. (rencontrer qn.)
2) Ce smartphone s'est .... à plus de dix millions d'exemplaires. (vendre qc.)
3) Tu t'es .... de ce site ? (désinscrire qn.)
4) Ils se sont .... de leur erreur, grâce aux commentaires des autres utilisateurs. (apercevoir)
5) Je me suis .... à cette chaîne. (s'abonner à qc.)
6) Vous vous êtes .... l'autre jour ? (disputer qn.)
7) On s'est .... nos coordonnées. (échanger qc. avec qn.)

いろいろ調べてみよう！

Mots-clés pour la discussion :

世間のうわさ　Le qu'en-dira-t-on　匿名性 (l'anonymat)
リターゲティング広告　スマホ依存
実名登録　ハンドルネーム　炎上　Faire un buzz
本アカ／サブアカ／趣味アカ　ライブストリーミング
オンライン交流　個人情報の保護　承認欲求
「いいね！」(« like »)　即レス　インフルエンサー
情報発信（アウトプット）・発信力　クチコミ　情報ソース
短文チャット　同調圧力
フォロワー数　自撮り　ユーチューバー
マッチングアプリ　リア友とネット友達
エコーチェンバー現象　Le pseudonyme
メディアリテラシー　SNSいじめ　Le Big data
ハッシュタグ　les bloqueurs de publicités

気になる問いを選んで考えてみよう

あなたはどうですか？／みんなと語りあおう！

- ふだんどんなSNSを使っていますか？お互いに挙げてみましょう。
  Quels réseaux sociaux est-ce que vous utilisez, d'habitude ?
- SNSのリアクション（「いいね」など）を気にしますか？
  Est-ce que vous faites attention aux « réactions » (« like », etc.) sur les réseaux sociaux ?
- 無料のサービスを受けるとき、広告が表示されるのを気にしますか？
  Quand vous utilisez un service gratuit, est-ce que cela vous gêne que des publicités s'affichent ?
- SNSを通じての出会い（友達作りなど）を経験したことがありますか？
  Est-ce que vous avez déjà fait des rencontres (vous vous êtes fait des amis...) en passant par les réseaux sociaux ?
- サイトの「口コミ」やウェブ広告で、何を買うか決めますか？
  Est-ce que vous décidez quoi acheter en fonction des avis et des publicités sur Internet ?
- フォロワーの数は、人気のバロメーターだと思いますか？
  Est-ce que le nombre de « followers » (nombre d'abonnés) est un baromètre de popularité ?
- 即時性は有能さの証だと思いますか？
  La réactivité est-elle une preuve de compétence ?

動詞変化表

不定形・分詞形	直説法		
I. aimer aimant aimé ayant aimé （助動詞 avoir）	現在 j' aime tu aimes il aime nous aimons vous aimez ils aiment	半過去 j' aimais tu aimais il aimait nous aimions vous aimiez ils aimaient	単純過去 j' aimai tu aimas il aima nous aimâmes vous aimâtes ils aimèrent
命令法 aime aimons aimez	複合過去 j' ai aimé tu as aimé il a aimé nous avons aimé vous avez aimé ils ont aimé	大過去 j' avais aimé tu avais aimé il avait aimé nous avions aimé vous aviez aimé ils avaient aimé	前過去 j' eus aimé tu eus aimé il eut aimé nous eûmes aimé vous eûtes aimé ils eurent aimé
II. arriver arrivant arrivé étant arrivé(e)(s) （助動詞 être）	複合過去 je suis arrivé(e) tu es arrivé(e) il est arrivé elle est arrivée nous sommes arrivé(e)s vous êtes arrivé(e)(s) ils sont arrivés elles sont arrivées	大過去 j' étais arrivé(e) tu étais arrivé(e) il était arrivé elle était arrivée nous étions arrivé(e)s vous étiez arrivé(e)(s) ils étaient arrivés elles étaient arrivées	前過去 je fus arrivé(e) tu fus arrivé(e) il fut arrivé elle fut arrivée nous fûmes arrivé(e)s vous fûtes arrivé(e)(s) ils furent arrivés elles furent arrivées
III. être aimé(e)(s) 受動態 étant aimé(e)(s) ayant été aimé(e)(s)	現在 je suis aimé(e) tu es aimé(e) il est aimé elle est aimée n. sommes aimé(e)s v. êtes aimé(e)(s) ils sont aimés elles sont aimées	半過去 j' étais aimé(e) tu étais aimé(e) il était aimé elle était aimée n. étions aimé(e)s v. étiez aimé(e)(s) ils étaient aimés elles étaient aimées	単純過去 je fus aimé(e) tu fus aimé(e) il fut aimé elle fut aimé e n. fûmes aimé(e)s v. fûtes aimé(e)(s) ils furent aimés elles furent aimées
命令法 sois aimé(e) soyons aimé(e)s soyez aimé(e)(s)	複合過去 j' ai été aimé(e) tu as été aimé(e) il a été aimé elle a été aimée n. avons été aimé(e)s v. avez été aimé(e)(s) ils ont été aimés elles ont été aimées	大過去 j' avais été aimé(e) tu avais été aimé(e) il avait été aimé elle avait été aimée n. avions été aimé(e)s v. aviez été aimé(e)(s) ils avaient été aimés elles avaient été aimées	前過去 j' eus été aimé(e) tu eus été aimé(e) il eut été aimé elle eut été aimée n. eûmes été aimé(e)s v. eûtes été aimé(e)(s) ils eurent été aimés elles eurent été aimées
IV. se lever 代名動詞 se levant s'étant levé(e)(s)	現在 je me lève tu te lèves il se lève n. n. levons v. v. levez ils se lèvent	半過去 je me levais tu te levais il se levait n. n. levions v. v. leviez ils se levaient	単純過去 je me levai tu te levas il se leva n. n. levâmes v. v. levâtes ils se levèrent
命令法 lève-toi levons-nous levez-vous	複合過去 je me suis levé(e) tu t' es levé(e) il s' est levé elle s' est levée n. n. sommes levé(e)s v. v. êtes levé(e)(s) ils se sont levés elles se sont levées	大過去 j' m' étais levé(e) tu t' étais levé(e) il s' était levé elle s' était levée n. n. étions levé(e)s v. v. étiez levé(e)(s) ils s' étaient levés elles s' étaient levées	前過去 je me fus levé(e) tu te fus levé(e) il se fut levé elle se fut levée n. n. fûmes levé(e)s v. v. fûtes levé(e)(s) ils se furent levés elles se furent levées

直説法	条件法	接続法	
単純未来	**現在**	**現在**	**半過去**
j' aimerai	j' aimerais	j' aime	j' aimasse
tu aimeras	tu aimerais	tu aimes	tu aimasses
il aimera	il aimerait	il aime	il aimât
nous aimerons	nous aimerions	nous aimions	nous aimassions
vous aimerez	vous aimeriez	vous aimiez	vous aimassiez
ils aimeront	ils aimeraient	ils aiment	ils aimassent
前未来	**過去**	**過去**	**大過去**
j' aurai aimé	j' aurais aimé	j' aie aimé	j' eusse aimé
tu auras aimé	tu aurais aimé	tu aies aimé	tu eusses aimé
il aura aimé	il aurait aimé	il ait aimé	il eût aimé
nous aurons aimé	nous aurions aimé	nous ayons aimé	nous eussions aimé
vous aurez aimé	vous auriez aimé	vous ayez aimé	vous eussiez aimé
ils auront aimé	ils auraient aimé	ils aient aimé	ils eussent aimé
前未来	**過去**	**過去**	**大過去**
je serai arrivé(e)	je serais arrivé(e)	je sois arrivé(e)	je fusse arrivé(e)
tu seras arrivé(e)	tu serais arrivé(e)	tu sois arrivé(e)	tu fusses arrivé(e)
il sera arrivé	il serait arrivé	il soit arrivé	il fût arrivé
elle sera arrivée	elle serait arrivée	elle soit arrivée	elle fût arrivée
nous serons arrivé(e)s	nous serions arrivé(e)s	nous soyons arrivé(e)s	nous fussions arrivé(e)s
vous serez arrivé(e)(s)	vous seriez arrivé(e)(s)	vous soyez arrivé(e)(s)	vous fussiez arrivé(e)(s)
ils seront arrivés	ils seraient arrivés	ils soient arrivés	ils fussent arrivés
elles seront arrivées	elles seraient arrivées	elles soient arrivées	elles fussent arrivées
単純未来	**現在**	**現在**	**半過去**
je serai aimé(e)	je serais aimé(e)	je sois aimé(e)	je fusse aimé(e)
tu seras aimé(e)	tu serais aimé(e)	tu sois aimé(e)	tu fusses aimé(e)
il sera aimé	il serait aimé	il soit aimé	il fût aimé
elle sera aimée	elle serait aimée	elle soit aimée	elle fût aimée
n. serons aimé(e)s	n. serions aimé(e)s	n. soyons aimé(e)s	n. fussions aimé(e)s
v. serez aimé(e)(s)	v. seriez aimé(e)(s)	v. soyez aimé(e)(s)	v. fussiez aimé(e)(s)
ils seront aimés	ils seraient aimés	ils soient aimés	ils fussent aimés
elles seront aimées	elles seraient aimées	elles soient aimées	elles fussent aimées
前未来	**過去**	**過去**	**大過去**
j' aurai été aimé(e)	j' aurais été aimé(e)	j' aie été aimé(e)	j' eusse été aimé(e)
tu auras été aimé(e)	tu aurais été aimé(e)	tu aies été aimé(e)	tu eusses été aimé(e)
il aura été aimé	il aurait été aimé	il ait été aimé	il eût été aimé
elle aura été aimée	elle aurait été aimée	elle ait été aimée	elle eût été aimée
n. aurons été aimé(e)s	n. aurions été aimé(e)s	n. ayons été aimé(e)s	n. eussions été aimé(e)s
v. aurez été aimé(e)(s)	v. auriez été aimé(e)(s)	v. ayez été aimé(e)(s)	v. eussiez été aimé(e)(s)
ils auront été aimés	ils auraient été aimés	ils aient été aimés	ils eussent été aimés
elles auront été aimées	elles auraient été aimées	elles aient été aimées	elles eussent été aimées
単純未来	**現在**	**現在**	**半過去**
je me lèverai	je me lèverais	je me lève	je me levasse
tu te lèveras	tu te lèverais	tu te lèves	tu te levasses
il se lèvera	il se lèverait	il se lève	il se levât
n. n. lèverons	n. n. lèverions	n. n. levions	n. n. levassions
v. v. lèverez	v. v. lèveriez	v. v. leviez	v. v. levassiez
ils se lèveront	ils se lèveraient	ils se lèvent	ils se levassent
前未来	**過去**	**過去**	**大過去**
je me serai levé(e)	je me serais levé(e)	je me sois levé(e)	je me fusse levé(e)
tu te seras levé(e)	tu te serais levé(e)	tu te sois levé(e)	tu te fusses levé(e)
il se sera levé	il se serait levé	il se soit levé	il se fût levé
elle se sera levée	elle se serait levée	elle se soit levée	elle se fût levée
n. n. serons levé(e)s	n. n. serions levé(e)s	n. n. soyons levé(e)s	n. n. fussions levé(e)s
v. v. serez levé(e)(s)	v. v. seriez levé(e)(s)	v. v. soyez levé(e)(s)	v. v. fussiez levé(e)(s)
ils se seront levés	ils se seraient levés	ils se soient levés	ils se fussent levés
elles se seront levées	elles se seraient levées	elles se soient levées	elles se fussent levées

不定形 分詞形	直説法			
	現在	半過去	単純過去	単純未来
1. avoir もつ ayant eu [y]	j’ ai tu as il a n. avons v. avez ils ont	j’ avais tu avais il avait n. avions v. aviez ils avaient	j’ eus [y] tu eus il eut n. eûmes v. eûtes ils eurent	j’ aurai tu auras il aura n. aurons v. aurez ils auront
2. être 在る étant été	je suis tu es il est n. sommes v. êtes ils sont	j’ étais tu étais il était n. étions v. étiez ils étaient	je fus tu fus il fut n. fûmes v. fûtes ils furent	je serai tu seras il sera n. serons v. serez ils seront
3. parler 話す parlant parlé	je parle tu parles il parle n. parlons v. parlez ils parlent	je parlais tu parlais il parlait n. parlions v. parliez ils parlaient	je parlai tu parlas il parla n. parlâmes v. parlâtes ils parlèrent	je parlerai tu parleras il parlera n. parlerons v. parlerez ils parleront
4. placer 置く plaçant placé	je place tu places il place n. plaçons v. placez ils placent	je plaçais tu plaçais il plaçait n. placions v. placiez ils plaçaient	je plaçai tu plaças il plaça n. plaçâmes v. plaçâtes ils placèrent	je placerai tu placeras il placera n. placerons v. placerez ils placeront
5. manger 食べる mangeant mangé	je mange tu manges il mange n. mangeons v. mangez ils mangent	je mangeais tu mangeais il mangeait n. mangions v. mangiez ils mangeaient	je mangeai tu mangeas il mangea n. mangeâmes v. mangeâtes ils mangèrent	je mangerai tu mangeras il mangera n. mangerons v. mangerez ils mangeront
6. acheter 買う achetant acheté	j’ achète tu achètes il achète n. achetons v. achetez ils achètent	j’ achetais tu achetais il achetait n. achetions v. achetiez ils achetaient	j’ achetai tu achetas il acheta n. achetâmes v. achetâtes ils achetèrent	j’ achèterai tu achèteras il achètera n. achèterons v. achèterez ils achèteront
7. appeler 呼ぶ appelant appelé	j’ appelle tu appelles il appelle n. appelons v. appelez ils appellent	j’ appelais tu appelais il appelait n. appelions v. appeliez ils appelaient	j’ appelai tu appelas il appela n. appelâmes v. appelâtes ils appelèrent	j’ appellerai tu appelleras il appellera n. appellerons v. appellerez ils appelleront
8. préférer より好む préférant préféré	je préfère tu préfères il préfère n. préférons v. préférez ils préfèrent	je préférais tu préférais il préférait n. préférions v. préfériez ils préféraient	je préférai tu préféras il préféra n. préférâmes v. préférâtes ils préférèrent	je préférerai tu préféreras il préférera n. préférerons v. préférerez ils préféreront

条件法	接続法		命令法	同型活用の動詞 （注意）
現在	現在	半過去	現在	
j' aurais tu aurais il aurait n. aurions v. auriez ils auraient	j' aie tu aies il ait n. ayons v. ayez ils aient	j' eusse tu eusses il eût n. eussions v. eussiez ils eussent	aie ayons ayez	
je serais tu serais il serait n. serions v. seriez ils seraient	je sois tu sois il soit n. soyons v. soyez ils soient	je fusse tu fusses il fût n. fussions v. fussiez ils fussent	sois soyons soyez	
je parlerais tu parlerais il parlerait n. parlerions v. parleriez ils parleraient	je parle tu parles il parle n. parlions v. parliez ils parlent	je parlasse tu parlasses il parlât n. parlassions v. parlassiez ils parlassent	parle parlons parlez	第 1 群規則動詞 （4 型～ 10 型をのぞく）
je placerais tu placerais il placerait n. placerions v. placeriez ils placeraient	je place tu places il place n. placions v. placiez ils placent	je plaçasse tu plaçasses il plaçât n. plaçassions v. plaçassiez ils plaçassent	place plaçons placez	—cer の動詞 annoncer, avancer, commencer, effacer, renoncer など. （a, o の前で c → ç）
je mangerais tu mangerais il mangerait n. mangerions v. mangeriez ils mangeraient	je mange tu manges il mange n. mangions v. mangiez ils mangent	je mangeasse tu mangeasses il mangeât n. mangeassions v. mangeassiez ils mangeassent	mange mangeons mangez	—ger の動詞 arranger, changer, charger, engager, nager, obliger など. （a, o の前で g → ge）
j' achèterais tu achèterais il achèterait n. achèterions v. achèteriez ils achèteraient	j' achète tu achètes il achète n. achetions v. achetiez ils achètent	j' achetasse tu achetasses il achetât n. achetassions v. achetassiez ils achetassent	achète achetons achetez	—e + 子音 + er の動詞 achever, lever, mener など. （7 型をのぞく. e muet を含む音節の前で e → è）
j' appellerais tu appellerais il appellerait n. appellerions v. appelleriez ils appelleraient	j' appelle tu appelles il appelle n. appelions v. appeliez ils appellent	j' appelasse tu appelasses il appelât n. appelassions v. appelassiez ils appelassent	appelle appelons appelez	—eter, —eler の動詞 jeter, rappeler など. （6 型のものもある. e muet の前で t, l を重ねる）
je préférerais tu préférerais il préférerait n. préférerions v. préféreriez ils préféreraient	je préfère tu préfères il préfère n. préférions v. préfériez ils préfèrent	je préférasse tu préférasses il préférât n. préférassions v. préférassiez ils préférassent	préfère préférons préférez	—é + 子音 + er の動詞 céder, espérer, opérer, répéter など. （e muet を含む語末音節の前で é → è）

不定形 分詞形	直説法			
	現在	半過去	単純過去	単純未来
9. employer 使う employant employé	j' emploie tu emploies il emploie n. employons v. employez ils emploient	j' employais tu employais il employait n. employions v. employiez ils employaient	j' employai tu employas il employa n. employâmes v. employâtes ils employèrent	j' emploierai tu emploieras il emploiera n. emploierons v. emploierez ils emploieront
10. envoyer 送る envoyant envoyé	j' envoie tu envoies il envoie n. envoyons v. envoyez ils envoient	j' envoyais tu envoyais il envoyait n. envoyions v. envoyiez ils envoyaient	j' envoyai tu envoyas il envoya n. envoyâmes v. envoyâtes ils envoyèrent	j' enverrai tu enverras il enverra n. enverrons v. enverrez ils enverront
11. aller 行く allant allé	je vais tu vas il va n. allons v. allez ils vont	j' allais tu allais il allait n. allions v. alliez ils allaient	j' allai tu allas il alla n. allâmes v. allâtes ils allèrent	j' irai tu iras il ira n. irons v. irez ils iront
12. finir 終える finissant fini	je finis tu finis il finit n. finissons v. finissez ils finissent	je finissais tu finissais il finissait n. finissions v. finissiez ils finissaient	je finis tu finis il finit n. finîmes v. finîtes ils finirent	je finirai tu finiras il finira n. finirons v. finirez ils finiront
13. partir 出発する partant parti	je pars tu pars il part n. partons v. partez ils partent	je partais tu partais il partait n. partions v. partiez ils partaient	je partis tu partis il partit n. partîmes v. partîtes ils partirent	je partirai tu partiras il partira n. partirons v. partirez ils partiront
14. courir 走る courant couru	je cours tu cours il court n. courons v. courez ils courent	je courais tu courais il courait n. courions v. couriez ils couraient	je courus tu courus il courut n. courûmes v. courûtes ils coururent	je courrai tu courras il courra n. courrons v. courrez ils courront
15. fuir 逃げる fuyant fui	je fuis tu fuis il fuit n. fuyons v. fuyez ils fuient	je fuyais tu fuyais il fuyait n. fuyions v. fuyiez ils fuyaient	je fuis tu fuis il fuit n. fuîmes v. fuîtes ils fuirent	je fuirai tu fuiras il fuira n. fuirons v. fuirez ils fuiront
16. mourir 死ぬ mourant mort	je meurs tu meurs il meurt n. mourons v. mourez ils meurent	je mourais tu mourais il mourait n. mourions v. mouriez ils mouraient	je mourus tu mourus il mourut n. mourûmes v. mourûtes ils moururent	je mourrai tu mourras il mourra n. mourrons v. mourrez ils mourront

条件法	接続法		命令法	同型活用の動詞 (注意)
現在	現在	半過去	現在	
j' emploierais tu emploierais il emploierait n. emploierions v. emploieriez ils emploieraient	j' emploie tu emploies il emploie n. employions v. employiez ils emploient	j' employasse tu employasses il employât n. employassions v. employassiez ils employassent	 emploie employons employez	—oyer, —uyer, —ayer の動詞 (e muet の前で y → i. —ayer は 3 型でもよい. また envoyer → 10)
j' enverrais tu enverrais il enverrait n. enverrions v. enverriez ils enverraient	j' envoie tu envoies il envoie n. envoyions v. envoyiez ils envoient	j' envoyasse tu envoyasses il envoyât n. envoyassions v. envoyassiez ils envoyassent	 envoie envoyons envoyez	renvoyer (未来, 条・現のみ 9 型とことなる)
j' irais tu irais il irait n. irions v. iriez ils iraient	j' aille tu ailles il aille n. allions v. alliez ils aillent	j' allasse tu allasses il allât n. allassions v. allassiez ils allassent	 va allons allez	
je finirais tu finirais il finirait n. finirions v. finiriez ils finiraient	je finisse tu finisses il finisse n. finissions v. finissiez ils finissent	je finisse tu finisses il finît n. finissions v. finissiez ils finissent	 finis finissons finissez	第 2 群規則動詞
je partirais tu partirais il partirait n. partirions v. partiriez ils partiraient	je parte tu partes il parte n. partions v. partiez ils partent	je partisse tu partisses il partît n. partissions v. partissiez ils partissent	 pars partons partez	dormir, endormir, se repentir, sentir, servir, sortir
je courrais tu courrais il courrait n. courrions v. courriez ils courraient	je coure tu coures il coure n. courions v. couriez ils courent	je courusse tu courusses il courût n. courussions v. courussiez ils courussent	 cours courons courez	accourir, parcourir, secourir
je fuirais tu fuirais il fuirait n. fuirions v. fuiriez ils fuiraient	je fuie tu fuies il fuie n. fuyions v. fuyiez ils fuient	je fuisse tu fuisses il fuît n. fuissions v. fuissiez ils fuissent	 fuis fuyons fuyez	s'enfuir
je mourrais tu mourrais il mourrait n. mourrions v. mourriez ils mourraient	je meure tu meures il meure n. mourions v. mouriez ils meurent	je mourusse tu mourusses il mourût n. mourussions v. mourussiez ils mourussent	 meurs mourons mourez	

不定形 分詞形	直説法			
	現在	半過去	単純過去	単純未来
17. venir 来る venant venu	je viens tu viens il vient n. venons v. venez ils viennent	je venais tu venais il venait n. venions v. veniez ils venaient	je vins tu vins il vint n. vînmes v. vîntes ils vinrent	je viendrai tu viendras il viendra n. viendrons v. viendrez ils viendront
18. ouvrir あける ouvrant ouvert	j' ouvre tu ouvres il ouvre n. ouvrons v. ouvrez ils ouvrent	j' ouvrais tu ouvrais il ouvrait n. ouvrions v. ouvriez ils ouvraient	j' ouvris tu ouvris il ouvrit n. ouvrîmes v. ouvrîtes ils ouvrirent	j' ouvrirai tu ouvriras il ouvrira n. ouvrirons v. ouvrirez ils ouvriront
19. rendre 返す rendant rendu	je rends tu rends il rend n. rendons v. rendez ils rendent	je rendais tu rendais il rendait n. rendions v. rendiez ils rendaient	je rendis tu rendis il rendit n. rendîmes v. rendîtes ils rendirent	je rendrai tu rendras il rendra n. rendrons v. rendrez ils rendront
20. mettre 置く mettant mis	je mets tu mets il met n. mettons v. mettez ils mettent	je mettais tu mettais il mettait n. mettions v. mettiez ils mettaient	je mis tu mis il mit n. mîmes v. mîtes ils mirent	je mettrai tu mettras il mettra n. mettrons v. mettrez ils mettront
21. battre 打つ battant battu	je bats tu bats il bat n. battons v. battez ils battent	je battais tu battais il battait n. battions v. battiez ils battaient	je battis tu battis il battit n. battîmes v. battîtes ils battirent	je battrai tu battras il battra n. battrons v. battrez ils battront
22. suivre ついて行く suivant suivi	je suis tu suis il suit n. suivons v. suivez ils suivent	je suivais tu suivais il suivait n. suivions v. suiviez ils suivaient	je suivis tu suivis il suivit n. suivîmes v. suivîtes ils suivirent	je suivrai tu suivras il suivra n. suivrons v. suivrez ils suivront
23. vivre 生きる vivant vécu	je vis tu vis il vit n. vivons v. vivez ils vivent	je vivais tu vivais il vivait n. vivions v. viviez ils vivaient	je vécus tu vécus il vécut n. vécûmes v. vécûtes ils vécurent	je vivrai tu vivras il vivra n. vivrons v. vivrez ils vivront
24. écrire 書く écrivant écrit	j' écris tu écris il écrit n. écrivons v. écrivez ils écrivent	j' écrivais tu écrivais il écrivait n. écrivions v. écriviez ils écrivaient	j' écrivis tu écrivis il écrivit n. écrivîmes v. écrivîtes ils écrivirent	j' écrirai tu écriras il écrira n. écrirons v. écrirez ils écriront

条件法	接続法		命令法	同型活用の動詞 （注意）
現在	現在	半過去	現在	
je viendrais tu viendrais il viendrait n. viendrions v. viendriez ils viendraient	je vienne tu viennes il vienne n. venions v. veniez ils viennent	je vinsse tu vinsses il vînt n. vinssions v. vinssiez ils vinssent	 viens venons venez	convenir, devenir, provenir, revenir, se souvenir ; tenir, appartenir, maintenir, obtenir, retenir, soutenir
j' ouvrirais tu ouvrirais il ouvrirait n. ouvririons v. ouvririez ils ouvriraient	j' ouvre tu ouvres il ouvre n. ouvrions v. ouvriez ils ouvrent	j' ouvrisse tu ouvrisses il ouvrît n. ouvrissions v. ouvrissiez ils ouvrissent	 ouvre ouvrons ouvrez	couvrir, découvrir, offrir, souffrir
je rendrais tu rendrais il rendrait n. rendrions v. rendriez ils rendraient	je rende tu rendes il rende n. rendions v. rendiez ils rendent	je rendisse tu rendisses il rendît n. rendissions v. rendissiez ils rendissent	 rends rendons rendez	attendre, défendre, descendre entendre, perdre, prétendre, répondre, tendre, vendre
je mettrais tu mettrais il mettrait n. mettrions v. mettriez ils mettraient	je mette tu mettes il mette n. mettions v. mettiez ils mettent	je misse tu misses il mît n. missions v. missiez ils missent	 mets mettons mettez	admettre, commettre, permettre, promettre, remettre, soumettre
je battrais tu battrais il battrait n. battrions v. battriez ils battraient	je batte tu battes il batte n. battions v. battiez ils battent	je battisse tu battisses il battît n. battissions v. battissiez ils battissent	 bats battons battez	abattre, combattre
je suivrais tu suivrais il suivrait n. suivrions v. suivriez ils suivraient	je suive tu suives il suive n. suivions v. suiviez ils suivent	je suivisse tu suivisses il suivît n. suivissions v. suivissiez ils suivissent	 suis suivons suivez	poursuivre
je vivrais tu vivrais il vivrait n. vivrions v. vivriez ils vivraient	je vive tu vives il vive n. vivions v. viviez ils vivent	je vécusse tu vécusses il vécût n. vécussions v. vécussiez ils vécussent	 vis vivons vivez	
j' écrirais tu écrirais il écrirait n. écririons v. écririez ils écriraient	j' écrive tu écrives il écrive n. écrivions v. écriviez ils écrivent	j' écrivisse tu écrivisses il écrivît n. écrivissions v. écrivissiez ils écrivissent	 écris écrivons écrivez	décrire, inscrire

不定形 分詞形	直説法			
	現在	半過去	単純過去	単純未来
25. connaître 知っている connaissant connu	je connais tu connais il connaît n. connaissons v. connaissez ils connaissent	je connaissais tu connaissais il connaissait n. connaissions v. connaissiez ils connaissaient	je connus tu connus il connut n. connûmes v. connûtes ils connurent	je connaîtrai tu connaîtras il connaîtra n. connaîtrons v. connaîtrez ils connaîtront
26. naître 生まれる naissant né	je nais tu nais il naît n. naissons v. naissez ils naissent	je naissais tu naissais il naissait n. naissions v. naissiez ils naissaient	je naquis tu naquis il naquit n. naquîmes v. naquîtes ils naquirent	je naîtrai tu naîtras il naîtra n. naîtrons v. naîtrez ils naîtront
27. conduire みちびく conduisant conduit	je conduis tu conduis il conduit n. conduisons v. conduisez ils conduisent	je conduisais tu conduisais il conduisait n. conduisions v. conduisiez ils conduisaient	je conduisis tu conduisis il conduisit n. conduisîmes v. conduisîtes ils conduisirent	je conduirai tu conduiras il conduira n. conduirons v. conduirez ils conduiront
28. suffire 足りる suffisant suffi	je suffis tu suffis il suffit n. suffisons v. suffisez ils suffisent	je suffisais tu suffisais il suffisait n. suffisions v. suffisiez ils suffisaient	je suffis tu suffis il suffit n. suffîmes v. suffîtes ils suffirent	je suffirai tu suffiras il suffira n. suffirons v. suffirez ils suffiront
29. lire 読む lisant lu	je lis tu lis il lit n. lisons v. lisez ils lisent	je lisais tu lisais il lisait n. lisions v. lisiez ils lisaient	je lus tu lus il lut n. lûmes v. lûtes ils lurent	je lirai tu liras il lira n. lirons v. lirez ils liront
30. plaire 気に入る plaisant plu	je plais tu plais il plaît n. plaisons v. plaisez ils plaisent	je plaisais tu plaisais il plaisait n. plaisions v. plaisiez ils plaisaient	je plus tu plus il plut n. plûmes v. plûtes ils plurent	je plairai tu plairas il plaira n. plairons v. plairez ils plairont
31. dire 言う disant dit	je dis tu dis il dit n. disons v. dites ils disent	je disais tu disais il disait n. disions v. disiez ils disaient	je dis tu dis il dit n. dîmes v. dîtes ils dirent	je dirai tu diras il dira n. dirons v. direz ils diront
32. faire する faisant [fzɑ̃] fait	je fais tu fais il fait n. faisons [fzɔ̃] v. faites ils font	je faisais [fzɛ] tu faisais il faisait n. faisions v. faisiez ils faisaient	je fis tu fis il fit n. fîmes v. fîtes ils firent	je ferai tu feras il fera n. ferons v. ferez ils feront

条件法	接続法		命令法	同型活用の動詞 (注意)
現在	現在	半過去	現在	
je connaîtrais tu connaîtrais il connaîtrait n. connaîtrions v. connaîtriez ils connaîtraient	je connaisse tu connaisses il connaisse n. connaissions v. connaissiez ils connaissent	je connusse tu connusses il connût n. connussions v. connussiez ils connussent	 connais connaissons connaissez	reconnaître ; paraître, apparaître, disparaître (t の前で i → î)
je naîtrais tu naîtrais il naîtrait n. naîtrions v. naîtriez ils naîtraient	je naisse tu naisses il naisse n. naissions v. naissiez ils naissent	je naquisse tu naquisses il naquît n. naquissions v. naquissiez ils naquissent	 nais naissons naissez	renaître (t の前で i → î)
je conduirais tu conduirais il conduirait n. conduirions v. conduiriez ils conduiraient	je conduise tu conduises il conduise n. conduisions v. conduisiez ils conduisent	je conduisisse tu conduisisses il conduisît n. conduisissions v. conduisissiez ils conduisissent	 conduis conduisons conduisez	introduire, produire, traduire ; construire, détruire
je suffirais tu suffirais il suffirait n. suffirions v. suffiriez ils suffiraient	je suffise tu suffises il suffise n. suffisions v. suffisiez ils suffisent	je suffisse tu suffisses il suffît n. suffissions v. suffissiez ils suffissent	 suffis suffisons suffisez	
je lirais tu lirais il lirait n. lirions v. liriez ils liraient	je lise tu lises il lise n. lisions v. lisiez ils lisent	je lusse tu lusses il lût n. lussions v. lussiez ils lussent	 lis lisons lisez	élire, relire
je plairais tu plairais il plairait n. plairions v. plairiez ils plairaient	je plaise tu plaises il plaise n. plaisions v. plaisiez ils plaisent	je plusse tu plusses il plût n. plussions v. plussiez ils plussent	 plais plaisons plaisez	déplaire, taire (ただし taire の直・現・ 3 人称単数 il tait)
je dirais tu dirais il dirait n. dirions v. diriez ils diraient	je dise tu dises il dise n. disions v. disiez ils disent	je disse tu disses il dît n. dissions v. dissiez ils dissent	 dis disons dites	redire
je ferais tu ferais il ferait n. ferions v. feriez ils feraient	je fasse tu fasses il fasse n. fassions v. fassiez ils fassent	je fisse tu fisses il fît n. fissions v. fissiez ils fissent	 fais faisons faites	défaire, refaire, satisfaire

不定形 分詞形	直説法			
	現在	半過去	単純過去	単純未来
33. rire 笑う riant ri	je ris tu ris il rit n. rions v. riez ils rient	je riais tu riais il riait n. riions v. riiez ils riaient	je ris tu ris il rit n. rîmes v. rîtes ils rirent	je rirai tu riras il rira n. rirons v. rirez ils riront
34. croire 信じる croyant cru	je crois tu crois il croit n. croyons v. croyez ils croient	je croyais tu croyais il croyait n. croyions v. croyiez ils croyaient	je crus tu crus il crut n. crûmes v. crûtes ils crurent	je croirai tu croiras il croira n. croirons v. croirez ils croiront
35. craindre おそれる craignant craint	je crains tu crains il craint n. craignons v. craignez ils craignent	je craignais tu craignais il craignait n. craignions v. craigniez ils craignaient	je craignis tu craignis il craignit n. craignîmes v. craignîtes ils craignirent	je craindrai tu craindras il craindra n. craindrons v. craindrez ils craindront
36. prendre とる prenant pris	je prends tu prends il prend n. prenons v. prenez ils prennent	je prenais tu prenais il prenait n. prenions v. preniez ils prenaient	je pris tu pris il prit n. prîmes v. prîtes ils prirent	je prendrai tu prendras il prendra n. prendrons v. prendrez ils prendront
37. boire 飲む buvant bu	je bois tu bois il boit n. buvons v. buvez ils boivent	je buvais tu buvais il buvait n. buvions v. buviez ils buvaient	je bus tu bus il but n. bûmes v. bûtes ils burent	je boirai tu boiras il boira n. boirons v. boirez ils boiront
38. voir 見る voyant vu	je vois tu vois il voit n. voyons v. voyez ils voient	je voyais tu voyais il voyait n. voyions v. voyiez ils voyaient	je vis tu vis il vit n. vîmes v. vîtes ils virent	je verrai tu verras il verra n. verrons v. verrez ils verront
39. asseoir 座らせる asseyant assoyant assis	j' assieds tu assieds il assied n. asseyons v. asseyez ils asseyent	j' asseyais tu asseyais il asseyait n. asseyions v. asseyiez ils asseyaient	j' assis tu assis il assit n. assîmes v. assîtes ils assirent	j' assiérai tu assiéras il assiéra n. assiérons v. assiérez ils assiéront
	j' assois tu assois il assoit n. assoyons v. assoyez ils assoient	j' assoyais tu assoyais il assoyait n. assoyions v. assoyiez ils assoyaient		j' assoirai tu assoiras il assoira n. assoirons v. assoirez ils assoiront

条件法	接続法		命令法	同型活用の動詞（注意）
現在	現在	半過去	現在	
je rirais tu rirais il rirait n. ririons v. ririez ils riraient	je rie tu ries il rie n. riions v. riiez ils rient	je risse tu risses il rît n. rissions v. rissiez ils rissent	ris rions riez	sourire
je croirais tu croirais il croirait n. croirions v. croiriez ils croiraient	je croie tu croies il croie n. croyions v. croyiez ils croient	je crusse tu crusses il crût n. crussions v. crussiez ils crussent	crois croyons croyez	
je craindrais tu craindrais il craindrait n. craindrions v. craindriez ils craindraient	je craigne tu craignes il craigne n. craignions v. craigniez ils craignent	je craignisse tu craignisses il craignît n. craignissions v. craignissiez ils craignissent	crains craignons craignez	plaindre ; atteindre, éteindre, peindre; joindre, rejoindre
je prendrais tu prendrais il prendrait n. prendrions v. prendriez ils prendraient	je prenne tu prennes il prenne n. prenions v. preniez ils prennent	je prisse tu prisses il prît n. prissions v. prissiez ils prissent	prends prenons prenez	apprendre, comprendre, surprendre
je boirais tu boirais il boirait n. boirions v. boiriez ils boiraient	je boive tu boives il boive n. buvions v. buviez ils boivent	je busse tu busses il bût n. bussions v. bussiez ils bussent	bois buvons buvez	
je verrais tu verrais il verrait n. verrions v. verriez ils verraient	je voie tu voies il voie n. voyions v. voyiez ils voient	je visse tu visses il vît n. vissions v. vissiez ils vissent	vois voyons voyez	revoir
j' assiérais tu assiérais il assiérait n. assiérions v. assiériez ils assiéraient	j' asseye tu asseyes il asseye n. asseyions v. asseyiez ils asseyent	j' assisse tu assisses il assît n. assissions v. assissiez ils assissent	assieds asseyons asseyez	（代名動詞 s'asseoir として用いられることが多い．下段は俗語調）
j' assoirais tu assoirais il assoirait n. assoirions v. assoiriez ils assoiraient	j' assoie tu assoies il assoie n. assoyions v. assoyiez ils assoient		assois assoyons assoyez	

不定形 分詞形	直説法			
	現在	半過去	単純過去	単純未来
40. recevoir 受取る recevant reçu	je reçois tu reçois il reçoit n. recevons v. recevez ils reçoivent	je recevais tu recevais il recevait n. recevions v. receviez ils recevaient	je reçus tu reçus il reçut n. reçûmes v. reçûtes ils reçurent	je recevrai tu recevras il recevra n. recevrons v. recevrez ils recevront
41. devoir ねばならぬ devant dû, due dus, dues	je dois tu dois il doit n. devons v. devez ils doivent	je devais tu devais il devait n. devions v. deviez ils devaient	je dus tu dus il dut n. dûmes v. dûtes ils durent	je devrai tu devras il devra n. devrons v. devrez ils devront
42. pouvoir できる pouvant pu	je peux (puis) tu peux il peut n. pouvons v. pouvez ils peuvent	je pouvais tu pouvais il pouvait n. pouvions v. pouviez ils pouvaient	je pus tu pus il put n. pûmes v. pûtes ils purent	je pourrai tu pourras il pourra n. pourrons v. pourrez ils pourront
43. vouloir のぞむ voulant voulu	je veux tu veux il veut n. voulons v. voulez ils veulent	je voulais tu voulais il voulait n. voulions v. vouliez ils voulaient	je voulus tu voulus il voulut n. voulûmes v. voulûtes ils voulurent	je voudrai tu voudras il voudra n. voudrons v. voudrez ils voudront
44. savoir 知っている sachant su	je sais tu sais il sait n. savons v. savez ils savent	je savais tu savais il savait n. savions v. saviez ils savaient	je sus tu sus il sut n. sûmes v. sûtes ils surent	je saurai tu sauras il saura n. saurons v. saurez ils sauront
45. valoir 価値がある valant valu	je vaux tu vaux il vaut n. valons v. valez ils valent	je valais tu valais il valait n. valions v. valiez ils valaient	je valus tu valus il valut n. valûmes v. valûtes ils valurent	je vaudrai tu vaudras il vaudra n. vaudrons v. vaudrez ils vaudront
46. falloir 必要である — fallu	il faut	il fallait	il fallut	il faudra
47. pleuvoir 雨が降る pleuvant plu	il pleut	il pleuvait	il plut	il pleuvra

条件法	接続法		命令法	同型活用の動詞 (注意)
現在	現在	半過去	現在	
je recevrais	je reçoive	je reçusse		apercevoir, concevoir
tu recevrais	tu reçoives	tu reçusses	reçois	
il recevrait	il reçoive	il reçût		
n. recevrions	n. recevions	n. reçussions	recevons	
v. recevriez	v. receviez	v. reçussiez	recevez	
ils recevraient	ils reçoivent	ils reçussent		
je devrais	je doive	je dusse		(過去分詞は du=de+le と区別するために男性単数のみ dû と綴る)
tu devrais	tu doives	tu dusses		
il devrait	il doive	il dût		
n. devrions	n. devions	n. dussions		
v. devriez	v. deviez	v. dussiez		
ils devraient	ils doivent	ils dussent		
je pourrais	je puisse	je pusse		
tu pourrais	tu puisses	tu pusses		
il pourrait	il puisse	il pût		
n. pourrions	n. puissions	n. pussions		
v. pourriez	v. puissiez	v. pussiez		
ils pourraient	ils puissent	ils pussent		
je voudrais	je veuille	je voulusse		
tu voudrais	tu veuilles	tu voulusses	veuille	
il voudrait	il veuille	il voulût		
n. voudrions	n. voulions	n. voulussions	veuillons	
v. voudriez	v. vouliez	v. voulussiez	veuillez	
ils voudraient	ils veuillent	ils voulussent		
je saurais	je sache	je susse		
tu saurais	tu saches	tu susses	sache	
il saurait	il sache	il sût		
n. saurions	n. sachions	n. sussions	sachons	
v. sauriez	v. sachiez	v. sussiez	sachez	
ils sauraient	ils sachent	ils sussent		
je vaudrais	je vaille	je valusse		
tu vaudrais	tu vailles	tu valusses		
il vaudrait	il vaille	il valût		
n. vaudrions	n. valions	n. valussions		
v. vaudriez	v. valiez	v. valussiez		
ils vaudraient	ils vaillent	ils valussent		
il faudrait	il faille	il fallût		
il pleuvrait	il pleuve	il plût		

LA FRANCE DANS LE MONDE

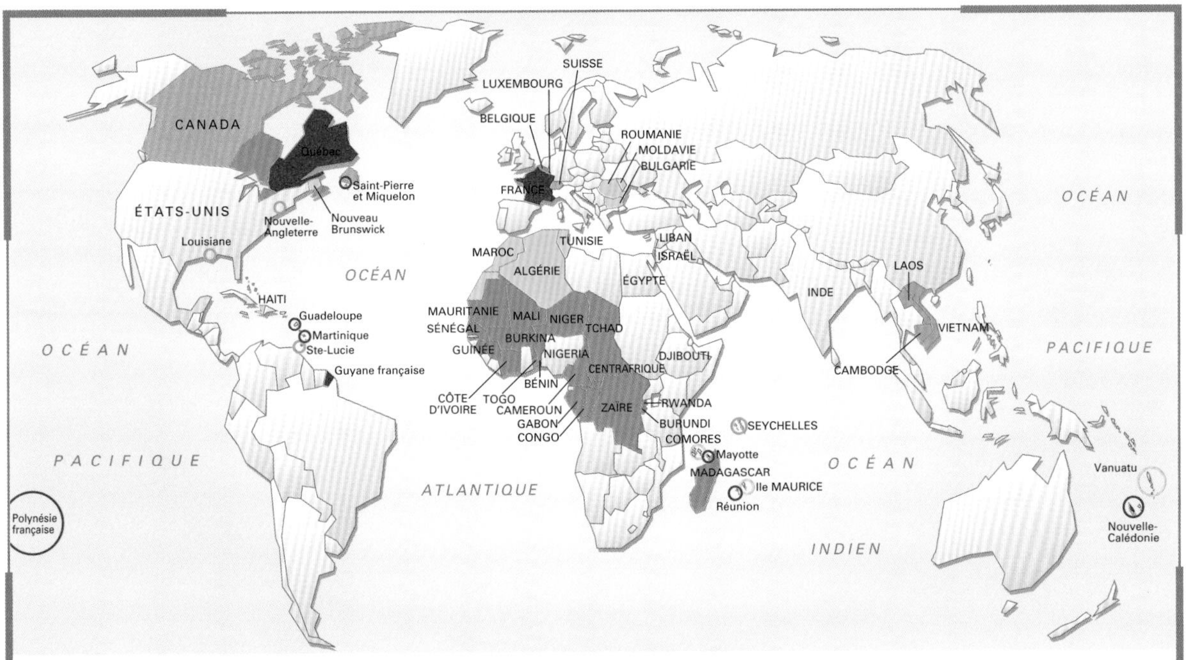

CANADA
Québec
Saint-Pierre et Miquelon
ÉTATS-UNIS
Nouvelle-Angleterre
Nouveau Brunswick
Louisiane
OCÉAN
HAITI
Guadeloupe
Martinique
Ste-Lucie
Guyane française
OCÉAN
PACIFIQUE
Polynésie française
ATLANTIQUE
SUISSE
LUXEMBOURG
BELGIQUE
FRANCE
ROUMANIE
MOLDAVIE
BULGARIE
MAROC
TUNISIE
ALGÉRIE
LIBAN
ISRAËL
ÉGYPTE
MAURITANIE
SÉNÉGAL
GUINÉE
MALI
NIGER
TCHAD
BURKINA
NIGERIA
DJIBOUTI
CENTRAFRIQUE
BÉNIN
TOGO
CÔTE D'IVOIRE
CAMEROUN
GABON
CONGO
ZAÏRE
RWANDA
BURUNDI
COMORES
SEYCHELLES
Mayotte
MADAGASCAR
Ile MAURICE
Réunion
INDE
LAOS
VIETNAM
CAMBODGE
OCÉAN
PACIFIQUE
OCÉAN
INDIEN
Vanuatu
Nouvelle-Calédonie

フランス語が公用語または母国語として使われる国あるいは地域

フランス語が公用語または行政語として使われる国あるいは地域

フランス語話者が高い割合で含まれている国

フランス語話者が低い割合で含まれている国

フランス語が公用語として用いられるひとつあるいは複数の地域がある国

LA FRANCE EN EUROPE

NORVÈGE
FINLANDE
SUÈDE
ESTONIE
MER DU NORD
DANEMARK
Mer Baltique
LETTONIE
IRLANDE
LITUANIE
RUSSIE
ROYAUME-UNI
PAYS-BAS
BIÉLORUSSIE
ALLEMAGNE
POLOGNE
BELGIQUE
LUXEMBOURG
RÉPUBLIQUE TCHÈQUE
SLOVAQUIE
UKRAINE
OCÉAN ATLANTIQUE
FRANCE
SUISSE
AUTRICHE
HONGRIE
MOLDAVIE
SLOVÉNIE
CROATIE
ROUMANIE
BOSNIE
RÉPUBLIQUE FÉDÉRALE DE YOUGOSLAVIE
ITALIE
PORTUGAL
ESPAGNE
BULGARIE
MER NOIRE
ALBANIE
MACÉDOINE
GRÈCE
Mer Égée
TURQUIE
MALTE
CHYPRE

録　音　　Chloé VIATTE / Georges VEYSSIÈRE
装　丁　　那須彩子
レイアウト　小熊未央
イラスト　小熊未央（表紙）／メディア・アート（本文）
写真　　Shutterstock / Adobe Stock

これ、どう思う？
語りあうための中級フランス語読本

検印省略

© 2023年1月15日　初版発行

著者　福田美雪
ジョルジュ・ヴェスィエール

発行者　小川　洋一郎

発行所　株式会社　朝日出版社
〒101-0065　東京都千代田区西神田3-3-5
電話（03）3239-0271・72（直通）
振替口座　東京00140-2-46008
http://www.asahipress.com
㈱欧友社

乱丁・落丁本はお取り替えいたします
ISBN978-4-255-35331-9 C1085

フランス語練習 カイエ

大久保 政憲

ISBN978-4-255-01247-6
定価1,496円
(本体1,360円+税10%)
B5判/80p. /2色刷

WEBで確認、カイエ(問題集)で定着!

- 初学者にも解きやすい、テーマ別見開き文法練習問題集
- 語句やヒントも提示されているので、この1冊だけで復習が可能
- WEBに音声・文法解説・辞書・追加練習問題・コラムを掲載

見開きでテーマごとに解けるから、はじめやすく続けやすい
WEB解説でわからなかったところもスッキリ解消
大学1年間のフランス語文法を定着させて、**めざせ 仏検一発合格!**

仏検公式基本語辞典 3級・4級・5級 新訂版

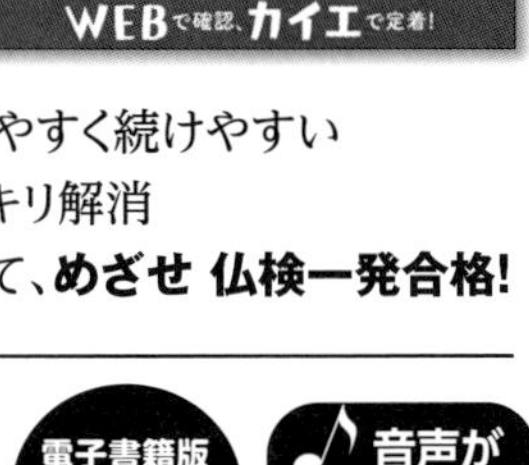

公益財団法人 フランス語教育振興協会=編
編集責任者 北村卓

ISBN978-4-255-01204-9
定価2,750円
(本体2,500円+税10%)
新書判/336p. /2色刷/見出し語1720

3級、4級、5級試験の全問題はここから作成!
仏検実施機関公認の唯一の辞典がリニューアル!

- この本は仏検実施機関公認の**公式**辞典です。
- 3級、4級、5級の問題はすべてこの辞典に掲載された語から作成。
- **3級760語、4級400語、5級560語**の計1720語を級ごとに色分け収録。
- 「新つづり字」も併記。新しいフランス語の表記にも対応しています。
- 各見出し語と例文の音声つき。

フランス文学小事典 増補版

岩根久 + 柏木隆雄 + 金﨑春幸 +
北村卓 + 永瀬春男 + 春木仁孝 +
山上浩嗣 + 和田章男=編

ISBN978-4-255-01168-4
定価2,750円
(本体2,500円+税10%)
B6判変型/400p. /2色刷/項目数総計535

これさえあれば<u>フランス文学</u>の<u>骨子</u>が分かる!

項目として挙げた**作家数279、作品数171、事項数85**。
作家・作品、事項、どこからでもすぐ引くことができます。
巻末には年表、年代別索引を付しました。
増補に伴い、読書案内もパワーアップ。

(株)朝日出版社 第一編集部 〒101-0065 東京都千代田区西神田3-3-5 TEL:03-3239-0271